Russland
Schweden
Finnland
Weißrussland
Polen
Ukraine
Rumänien
Kasachstan
Mongolei
Usbekistan
Kirgisistan
Georgien
Armenien
Aserbaidschan
Turkmenistan
Tadschikistan
Türkei
Nordkorea
Japan
Südkorea
China
Zypern
Syrien
Libanon
Irak
Israel
Jordanien
Iran
Afghanistan
Pakistan
Nepal
Bhutan
Libyen
Ägypten
Kuwait
Bahrain
Saudi-
Arabien
Katar
V.A.E.
Oman
Bangla-
desch
Indien
Myanmar
(Birma)
Laos
Taiwan
Tschad
Sudan
Eritrea
Jemen
Thailand
Vietnam
Kam-
bodscha
Philippinen
Dschibuti
Zentral-
afrikanische
Republik
Äthiopien
Somalia
Malediven
Sri Lanka
Brunei
Malaysia
Palau
Mikronesien
Uganda
Kenia
Kongo
Singapur
Ruanda
Burundi
D. R. Kongo
(Zaire)
Tansania
Indonesien
Papua-
Neuguinea
Seychellen
Osttimor
Komoren
Angola
Sambia
Malawi
Mosambik
Namibia
Simbabwe
Mauritius
Madagaskar
Botsuana
Australien
Swasiland
Lesotho
Südafrika
Neuseeland

Der große **Diercke** Kinderatlas

Der große

Diercke

Kinderatlas

Text von
Achim Bröger
Illustrationen von
Johann Brandstetter
Idee, Konzept und Redaktion von
Dr. Ulf Zahn

Arena

Zum Zeitpunkt der Drucklegung ist die im Buch angegebene Internetadresse auf ihre Richtigkeit hin überprüft worden. Adressen und Inhalte können sich schnell ändern. Internetseiten können für Kinder ungeeignete Links enthalten. Der Verlag kann nicht für Änderungen von Internetadressen oder für die Inhalte auf den angegebenen Internetseiten verantwortlich gemacht werden. Wir raten, Kinder nicht ohne Aufsicht im Internet recherchieren zu lassen.

FSC www.fsc.org
MIX
Papier aus verantwortungsvollen Quellen
FSC® C110508

Aktualisierte Neuausgabe

10. Auflage 2014

Kartographische Technik: Peter Seng
Covergestaltung: Irina Klytta
Coverabbildung: Satellitenfoto (Premium Stock Photography GmbH)
und Fotos und Illustrationen aus dem Innenteil
Layout und Typografie: anja marschhäuser, tomilom design, www.tomilom.de
Gesamtherstellung: Westermann Druck Zwickau GmbH
ISBN 978-3-401-06464-2

www.arena-verlag.de

Inhalt	Seite
• Unser Sonnensystem	6
Die Erde	8
Cosmo landet in Berlin	10
So liest man einen Atlas	12
• Europa	14
Deutschland	16
Österreich + Schweiz	18
Die Staaten Europas	20
• Afrika	22
Der Norden Afrikas	24
Eine Reise durch Afrika	26
Der Süden Afrikas	28
• Amerika im Überblick	30
Kanada + Alaska	32
USA + Mittelamerika	34
Von Ost nach West durch die USA	36
Südamerika	38
Am Amazonas	40
Südamerika im Jahr 1520	42
• Der Stille Ozean	44
• Australien + Neuseeland	46
• Antarktis	48
• Asien	50
Südostasien	52
Indien und seine Nachbarn	54
Der Nahe Osten	56
Die Seidenstraße	58
China und seine Nachbarn	60
Nordasien	62
Mit der Transsib durch Sibirien	64
• Im Naturkundemuseum	66
• Register	68–80

Unser Sonnensystem

Vor langer Zeit ist Cosmo mit dem Raumschiff von seinem Stern aufgebrochen.

Er rast durchs Weltall. Durch den riesigen Raum, der sich weiter und weiter ausdehnt.

Auf seiner Reise trifft Cosmo immer wieder auf Galaxien. Die nennt man auch Milchstraßen, weil Galaxis von dem griechischen Wort für Milch abstammt. Solche Galaxien sind ungleichmäßig im Weltall verteilte gewaltige Sternenhaufen. Es gibt unvorstellbar viele davon.

Zur Zeit ist Cosmo am äußeren Rand einer Galaxie unterwegs. Und wie jede Galaxie besteht auch sie aus unzählbar vielen Sternen. Jeder Stern ist groß wie die Sonne, auf die Cosmo zurast.

Diese glühende Gaskugel ist der Mittelpunkt eines Sonnensystems. Sie wird von acht Planeten umkreist. Jeder von ihnen hat dafür seine eigene Umlaufbahn.

Noch sind die Planeten für Cosmo nur Lichtpunkte im Weltall. Und die leuchten nicht einmal selbst. Die Sonne strahlt sie an und lässt sie leuchten.

Einer der Planeten in diesem Sonnensystem heißt Erde. Cosmo kommt ihm immer näher. Jetzt sind es nur noch wenige Lichtminuten zur Erde. Hier draußen im riesigen Weltall misst man Strecken in Lichtjahren. Und in einer Sekunde legt das Licht dreihunderttausend Kilometer zurück.

Hier kreist die Erde
als drittnächster Planet
der Sonne.
Saturn
Uranus

Die Erde

Cosmo möchte mehr über die Erde wissen.
Aber landen will er dort nicht. Eine Landung auf einem fremden Planeten ... das wäre ihm viel zu gefährlich. Er fliegt noch ein bisschen näher zur Erde. Dann stoppt er. Von hier aus will Cosmo die Erde beobachten.
Sie sieht aus wie eine Kugel. Aber als Cosmo sie länger betrachtet, bemerkt er: Sie ist nicht richtig kugelrund. Am Äquator ist sie eher etwas ausgebeult. Und an den Polen wirkt sie abgeplattet. Also ... eine Kugel mit Schönheitsfehlern, umgeben von einem geheimnisvollen blauen Leuchten. Ein blauer Planet.
Cosmo wird immer klarer: Die Erde dreht sich um sich selbst. So zeigt sie ihm ständig neue Seiten. Vor allem zeigt sie ihm viel Blau. Kein Wunder, denn die Erdoberfläche besteht zu fast drei Viertel aus Wasser. Cosmo sieht die Weltmeere vorbeiziehen. Er sieht das Braun der Landmassen mit dem Grün der Pflanzen. Oft ist dieses Braun ein Gelbbraun, denn auf der Erde gibt es viele Wüsten.
Immer wieder wird die Erde teilweise von Wolkenwirbeln bedeckt. Und ständig dreht sie sich weiter. Für eine Drehung um sich selbst braucht sie 24 Stunden, also einen Tag. Auf der Erdseite, die dabei zur Sonne zeigt, ist Tag, auf der anderen Nacht.

Für die Umkreisung der Sonne braucht die Erde 365 Tage, also ein Jahr. Die Erdachse – eine gedachte Linie vom Nordpol zum Südpol – steht etwas schräg. Wie bei einem Kreisel, der sich auf einer schiefen Ebene dreht, zeigt sie stets in dieselbe Richtung. Deswegen ist immer eine Erdhalbkugel der Sonne näher als die andere. So entstehen Frühling, Sommer, Herbst und Winter.
Da rast etwas auf Cosmo in seinem Raumschiff zu. Klar, zwischen den Planeten gibt es viele Himmelskörper. Man nennt sie Asteroiden und Planetoiden. Oft sind das kleine Felsstückchen. Aber es gibt auch welche, die mehrere hundert Meter groß sind. Was da angeflogen kommt, sieht anders aus. Irgendwie künstlich. Ob das Ding von der Erde stammt? Cosmo hat einen Satelliten entdeckt, der das Wetter beobachtet. Er kann ihm gerade noch ausweichen.
Was ist das? Das Raumschiff wird angezogen. Bestimmt von der Erde.
Diese Anziehungskraft oder Schwerkraft gibt es überall im Weltraum. Je größer eine Masse ist, desto größer ist die Anziehungskraft. Und je näher Cosmo der Erde kommt, desto stärker zieht sie sein Raumschiff an.
Er ist zu nah an der Erde!
Hilfe! Cosmo verliert die Kontrolle über sein Raumschiff.

Cosmos Raumschiff wird hin und her geschüttelt.
Er rast auf die Erde zu. Cosmo versucht den Sturz zu bremsen. Und wirklich, sein Raumschiff wird langsamer. Er hält sich fest. Dann rumst es mächtig. Danach ist es ruhig. Das Miniraumschiff steht auf der Erde. Cosmo ist nichts passiert. Auch sein Raumschiff hat die unsanfte Landung einigermaßen überstanden.
Er sieht hinaus ... und erschrickt. Denn draußen erkennt er Menschen. Also gibt es hier Lebewesen! Sie sind etwas größer als Cosmo. Die meisten rennen davon. Nur ein Mädchen und ein Junge bleiben stehen.

Soll er aussteigen? Cosmo hat keine Ahnung, was ihn da draußen erwartet. Er sieht die zwei Lebewesen genau an. Sie wirken freundlich. Also öffnet Cosmo die Luke seines Raumschiffs. Dann prüft er, ob er hier atmen kann und die Temperatur für ihn stimmt. Ja, es scheint alles in Ordnung.
»Bist du ein UFO-Kapitän?«, fragt das Mädchen.
Cosmo dreht an seinen Ohren und richtet seine Antenne. Schon versteht er alles. Im nächsten Moment wird auch seine Sprache aktiviert. Er antwortet: »Ich bin kein UFO-Kapitän. Ich bin Cosmo vom Planeten Navax auf Erkundungsfahrt mit meinem Sternengleiter. Und ich staune, dass es hier Lebewesen gibt.«
»Wir staunen, dass es auch woanders Lebewesen gibt«, sagt der Junge. Dann fragt er: »Sehen dort alle so aus wie du?«
»Ja, so ähnlich«, antwortet Cosmo. »Es gibt etwas kleinere als mich und größere.«
»Das ist wie bei uns«, sagt das Mädchen. »Ich heiße übrigens Sarah und komme aus England. Und ich besuche hier meinen Freund Florian.«
»Das bin ich«, sagt der Junge.

»Was ist das hier alles?« Cosmo zeigt auf den Platz, die Häuser, überallhin.
»Das ist Berlin«, antwortet Sarah.
»Was ist Berlin?«, fragt Cosmo.
»Eine Stadt.«
»Und was ist eine Stadt?«

»Eine große Siedlung, in der viele Menschen leben, arbeiten, zur Schule gehen . . .«
Bevor Cosmo fragt, was das nun wieder ist, schlägt Florian vor: »Wir sollten verschwinden, denn gleich wird's hier voll. Garantiert wollen alle dein Raumschiff sehen. Wir können zu mir fliegen. Da ist gerade niemand. Und der Sternengleiter passt genau in unsere Garage.«
Sie fliegen zu Florian. In der Garage erzählen die Kinder Cosmo von der Stadt, von den Menschen und den anderen Lebewesen auf der Erde. Als draußen ein Auto vorbeifährt, fragt Cosmo: »Was ist das?«

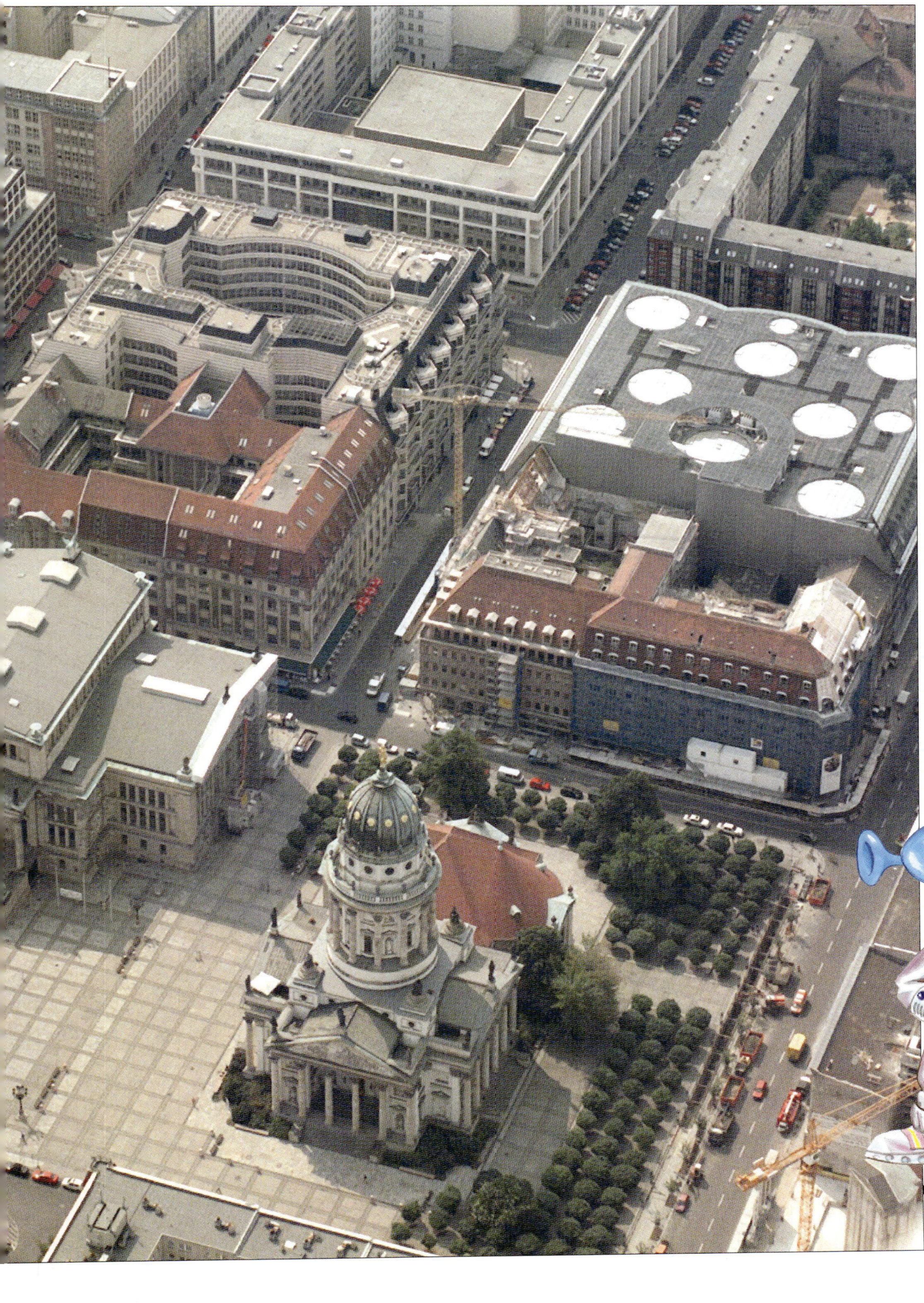

»Ein Auto«, antwortet Sarah.
»Damit verreisen die Menschen. Aber sie sind auch mit Fahrrädern, Motorrädern, Zügen, Schiffen, Flugzeugen und Raketen unterwegs. Und hier in der Stadt kann man unter der Erde mit der U-Bahn fahren.«
Dann will Cosmo wissen: »Wie lange leben die Menschen schon auf der Erde?«
»Ich hab mal gelesen, dass es Menschen schon vor fast vier Millionen Jahre gab«, sagt Florian. »Die sahen aber noch anders aus als wir. Pflanzen und Tiere gibt es schon sehr viel länger.«

»Was gibt es sonst noch auf der Erde?«, fragt Cosmo.
»Das können wir dir zeigen«, antwortet Florian. »Ich hole schnell einen Globus und einen Atlas.«
Als Cosmo dann den Globus sieht, sagt er: »So hat die Erde ausgesehen, als ich auf sie zugeflogen bin.« Er will wissen: »Was steht alles in dem Atlas?«
Sarah erklärt ihm: »Im Atlas findet man vor allem Karten der Erde. Darauf sieht man die Erdteile, Länder, Städte, Meere und Flüsse.«

Cosmo findet das alles sehr interessant und sagt: »Ich möchte die Erde kennen lernen. Mit meinem ultraschnellen Raumgleiter ginge das leicht. Wollt ihr mitkommen und mir alles zeigen?«
»Ja, gern«, sagen die Kinder. »Wir haben gerade Ferien. Also los . . . erst schauen wir uns den Atlas an, dann zeigen wir dir die Erde.«

»Und wie liest man einen Atlas?«, fragt Cosmo.

So liest man einen Atlas

Sarah und Florian zeigen Cosmo die Erdkarte im Atlas.

Florian sagt: »Hier siehst du alle Erdteile. Die Erdkugel oder der Globus liegen auf der Erdkarte flach vor dir. Auf so einer Karte kann man sozusagen hinter die Erde schauen.«

»Sehr praktisch«, lobt Cosmo und nimmt den Atlas.

Man kann ganz leicht herausfinden, wie weit die Orte auf der Karte auseinander liegen.

Sarah sagt: »Dafür gibt's einen Entfernungsmesser. Den nennt man Maßstab.« Der Maßstab gibt an, wie viel Mal eine Strecke in der Natur größer ist als auf der Karte.

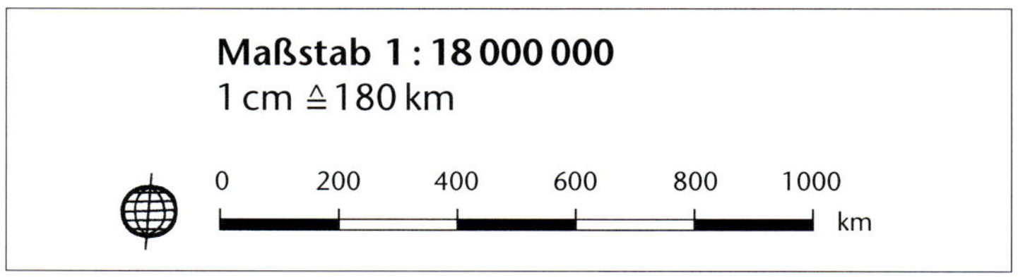

Beim Maßstab steht eine Zahl, die das Verhältnis nennt. Auf der Deutschlandkarte auf Seite 17 findet Cosmo den Maßstab 1 : 3 000 000. Das heißt, 1 cm in der Karte entspricht 3 000 000 cm in der Natur. Also sind 1 cm Karte 30 Kilometer. So einen Maßstab findet man auf jeder Karte.

In den Karten sieht Cosmo Farben, Linien und Zeichen.

Damit man die versteht, gibt es eine Zeichenerklärung. Die Erdkarte hier ist ganz einfach zu erklären. Das Meer ist immer blau dargestellt, das Tiefland ist grün, Berglandschaften gelb und Hochgebirge rotbraun. Die Karten zeigen noch viel mehr Einzelheiten. Die sind hier alle in der Generallegende zusammengestellt. Cosmo will sie sich gut merken, damit er die Karten richtig lesen kann.

»Du hältst ihn falsch herum!«, sagt Sarah und erklärt Cosmo: »Du musst die Karten so halten, dass sie nach Norden zeigen.«

»Was ist Norden?«, fragt Cosmo.

Florian antwortet: »Das ist eine Himmelsrichtung, also eine der vier Seiten des Horizonts.«

Sarah erzählt: »Mit meinem Kompass zu Hause kann ich ganz leicht rauskriegen, wo Norden liegt. Die Magnetnadel zeigt nämlich immer zum magnetischen Nordpol. Und dort ist Norden.«

Hier haben sie keinen Kompass. Deswegen deutet Florian auf die Antarktis und sagt: »Das ist der Südpol. Klar, dass er im Süden liegt. Du musst die Karte drehen. Jetzt liegt der Südpol unten, der Nordpol oben. So hältst du die Karte richtig. Und dann kannst du die Schrift auch lesen.«

»Warum machen das die Menschen so?«, fragt Cosmo.

Sarah antwortet: »Ich glaube, man hat einfach festgelegt, dass alle Karten nach Norden orientiert sind, damit man sich zurechtfindet. Sonst wär ja totales Chaos im Atlas.«

Sie zeigt den beiden die Antarktis und sagt: »Von hier aus, also vom Südpol, ist übrigens überall Norden.«

Auf den letzten Atlasseiten findet Florian das Register.

»Das ist wichtig«, erklärt er Cosmo. »Wenn du eine Stadt, ein Gebirge oder einen Fluss im Atlas suchst, schlägst du einfach im Register nach. Darin stehen die Namen der Städte, Gebirge usw. Und zwar nach dem Alphabet geordnet. Außerdem steht da, auf welcher Atlasseite du findest, was du suchst. Das Planquadrat verrät dir, wo das Gesuchte auf der Karte eingezeichnet wurde.«

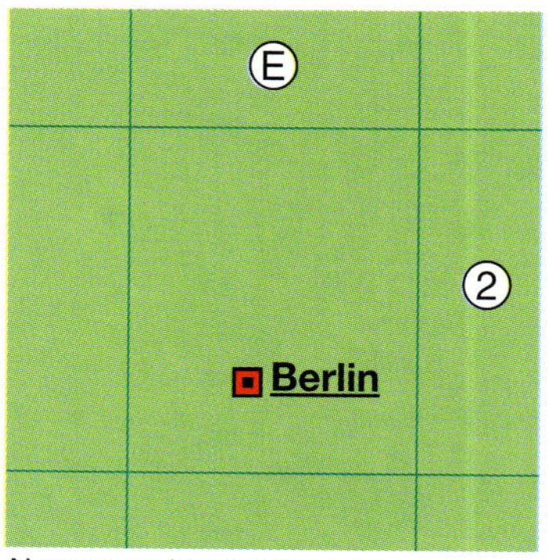

Namen suchen im Register:
Berlin 17, E2

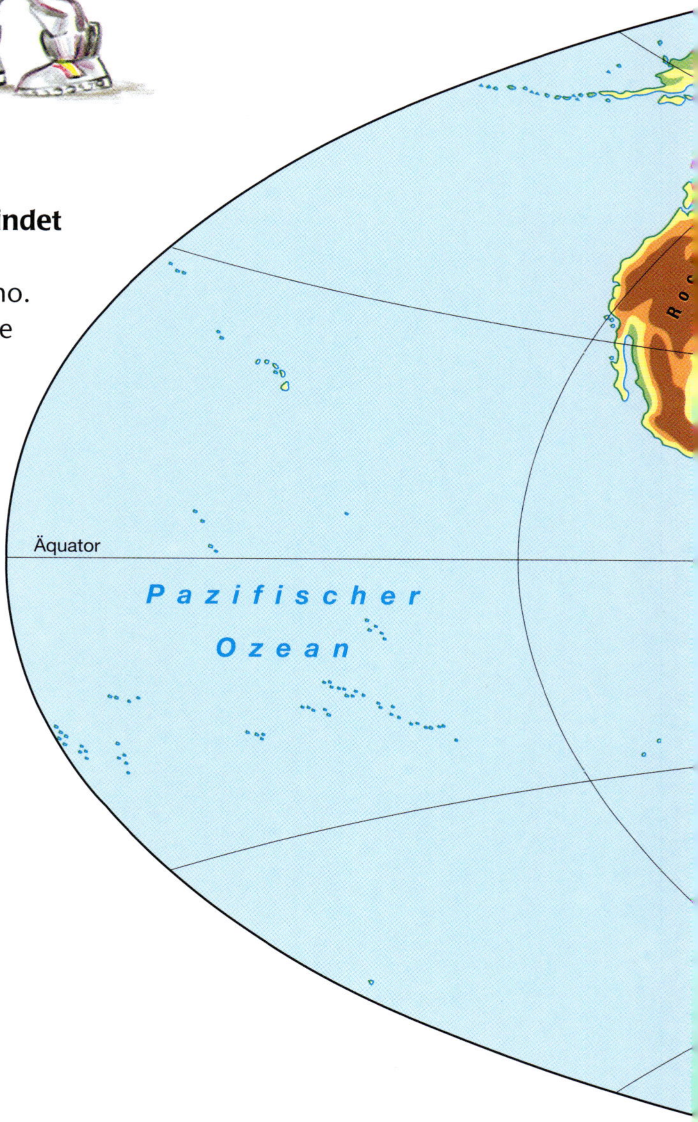

Generallegende

Landhöhen (in Meter)

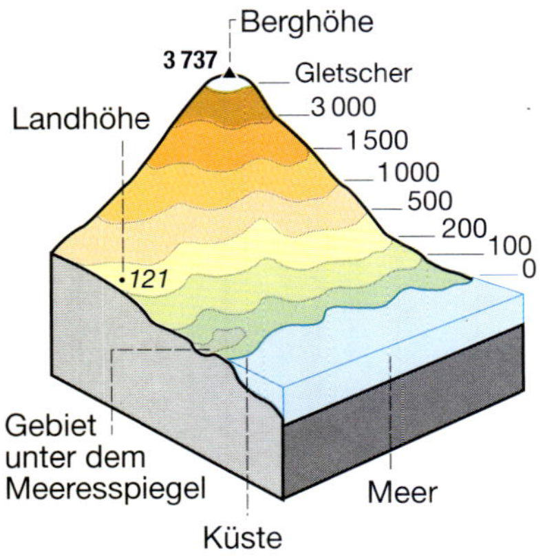

Maßstab 1 : 18 000 000
1 cm entspricht 180 km
0 200 400 600 800 km

- Meer
- Korallenriff
- Fluss
- schiffbarer Fluss
- Wadi (Trockenfluss)
- Kanal
- schiffbarer Kanal
- See
- Stausee, Staumauer
- Stromschnelle
- Sumpf
- Salzsee, Salzpfanne
- Oase
- *Nil* – Gewässername

- *Nubien* – Landschaftsname und Inselname
- **Hoher Atlas** – Gebirgsname
- 4 167 – Berghöhe
- Tubkal – Bergname
- Staatsgrenze
- China – Staatsname
- Kairo – Hauptstadt (unterstrichen)
- Regionsgrenze
- Sinkiang – Regionsname
- Grenze im Meer
- Eisenbahn
- Fernstraße
- Pass
- geschichtlich bedeutsamer Ort

- **Kairo** – Großstadt über 10 000 000 Einwohner
- **Algier** – Großstadt 3 000 000 bis 10 000 000 Einwohner
- **Nairobi** – Großstadt 1 000 000 bis 3 000 000 Einwohner
- **Rabat** – Großstadt 500 000 bis 1 000 000 Einwohner
- **Assuan** – Großstadt 100 000 bis 500 000 Einwohner
- Agadez – Stadt oder Ort 20 000 bis 100 000 Einwohner
- Bilma – Stadt oder Ort unter 20 000 Einwohner

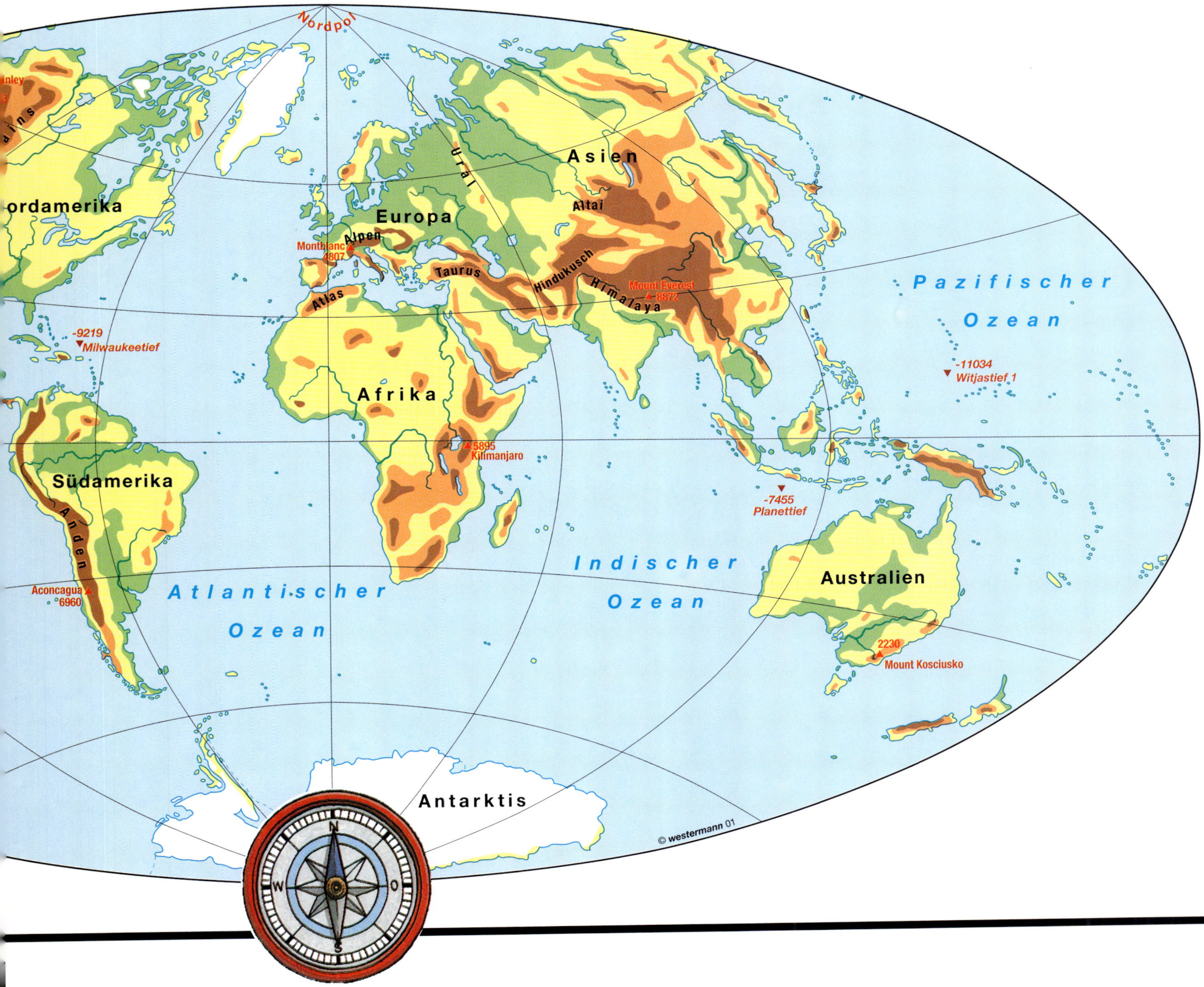

Florian zeigt Cosmo Berlin auf der Europakarte und sagt:
»Das ist die Hauptstadt Deutschlands. Da bist du gelandet. Und Deutschland gehört zu Europa.«
Viele Menschen in diesem Erdteil leben in Städten. Berlin ist mit 3,46 Millionen Einwohnern ziemlich groß. Sarah kommt aus London in England, das zu Großbritannien gehört. Im Großraum dieser Stadt leben sieben Millionen Menschen, im Großraum von Paris 9,3 Millionen und in Moskau 8,7 Millionen.
Europa ist der zweitkleinste Kontinent und der am dichtesten besiedelte. Er wird von Meeren begrenzt und im Osten stößt er an das Uralgebirge und den Uralfluss. Das ist die Grenze zu Asien.
Sarah sagt: »Guckt mal, Europa liegt eigentlich als eine Halbinsel vor Asien!«
Florian zeigt auf die vielen Halbinseln und Inseln, die typisch für Europa sind.
Im Durchschnitt ist das Klima mild. Allerdings kann es im Norden richtig kalt werden und im Süden heiß.
Florian fährt mit dem Finger die Hochgebirge entlang. Er beginnt im Westen mit den Pyrenäen, kommt zu den Alpen und den Karpaten bis zum Taurus.
An den Farben erkennen die drei, dass es in Europa drei Landschaften gibt: Tiefland (Grün), Mittelgebirge (helles Braun) und Hochgebirge (Rotbraun).
Der Montblanc in den Alpen gilt mit 4 807 Metern als der höchste Berg.
Mit 3 530 Kilometern ist die Wolga der längste Fluss.
Der Name Europa stammt aus der griechischen Sage.

Geisterhaft flackert ein Polarlicht über Nordeuropa.
Es entsteht in 100 km Höhe, wenn Sonnenteilchen Atome der Lufthülle zum Leuchten bringen.

Wenn der Vulkan Ätna auf der Insel Sizilien ausbricht, schießen rot glühende Steine in den Himmel.

Anfangs wollte Europa gar nichts von Zeus wissen. Da verwandelte er sich kurzerhand in einen Stier und entführte sie.
Die Legende von Zeus und Europa stammt aus Griechenland. Europa war die Geliebte des Göttervaters Zeus.

Maßstab 1:18 000 000
1 cm ≙ 180 km

0 200 400 600 800 1000 km

Bensersiel an der Nordseeküste zwischen Wilhelmshaven und Emden

Die Kinder wollen Cosmo Deutschland zeigen.

Florian hat die Idee: »Wir fahren auf dem Wasser von Berlin ganz in den Süden. Aber dazu brauchen wir ein Schiff.«

Cosmo sagt: »Das haben wir gleich!« Schnell verwandelt er seinen Raumgleiter in einen Kutter. Und mit dem schippern sie erst mal von Berlin die Havel runter Richtung Westen.

Die Farbe auf der Karte ist grün. Sie kommen also durch Tiefland. Das Tiefland gehört zu den drei in Deutschland typischen Landschaften.

Von der Havel steuern sie das Schiff in die Elbe. Sie fahren an Hamburg vorbei und erreichen bei Cuxhaven die Nordsee. An der ostfriesischen Küste entlang kommen sie bei Emden in die Ems. Von dort geht es weiter flussaufwärts in Richtung Süden. Westlich von Osnabrück fahren sie in einen Kanal, der sie durch das Münsterland bis nach Duisburg bringt. Dort gelangen sie schließlich an den Rhein.

Heideblüte im August im Naturpark Lüneburger Heide

Ferienvergnügen im Spreewald

Der Rhein zwischen Hunsrück und Taunus. Im Rhein die Pfalz bei Kaub

Hanggleiter im Westerwald

»Mensch, sind hier viele Schiffe unterwegs«, staunt Sarah.

Sie schippern nach Süden, bis sie bei Mainz den Main erreichen. Wie vorher am Rhein sehen sie hier die zweite für Deutschland typische Landschaft: das Mittelgebirge. Die Farbe auf der Karte ist hellbraun bis braun.

Bei Bamberg steuern sie ihr Schiff in den Main-Donau-Kanal. Klar, dass er den Main mit der Donau verbindet. Und dann erreichen sie den zweitlängsten Fluss Europas, die Donau. Weiter im Süden liegt die dritte typische Landschaft: das Hochgebirge. Auf der Europakarte im Atlas sehen Sarah, Florian und Cosmo nun, dass sie mit ihrem Schiff auf der Donau bis zum Schwarzen Meer und zum Mittelmeer fahren könnten.

Das Wettersteingebirge mit Alpspitze, Zugspitze und Waxensteinen

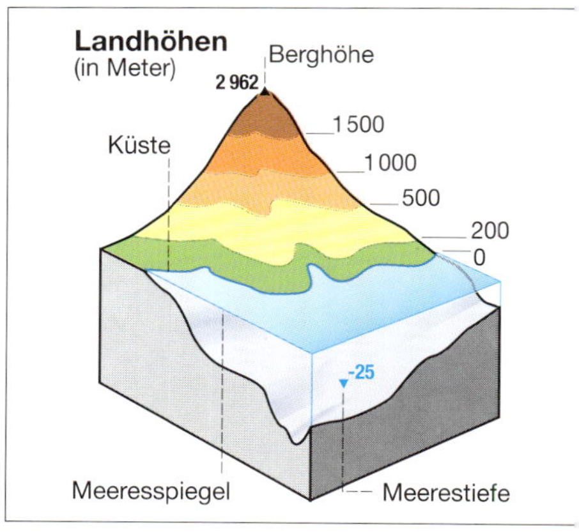

6° östl. Länge
8°
10°
12°
14°
54° nördl. Breite
52°
50°
48°
Nordsee
Deutsche Bucht
Helgoland
Ostfriesische Inseln
Westfr. Inseln
Nordfriesische Inseln
Nordfriesland
Dänemark
Alsen
Flensburg
Lolland
Falster
Møn
Ostsee
Kap Arkona
Rügen
Pommersche Bucht
Bornholm (Dän.)
Fehmarn
Kiel
Heide
Nord-Ostsee-Kanal
Neumünster
168
83
128
Rostock
Stralsund
Lübeck
Cuxhaven
Hamburg
Schwerin
Mecklenburgische Seenplatte
Neubrandenburg
179
Müritz
Haff
Stettin (Szczecin)
Stargard (Stargard Szczeciński)
Uckermark
Wilhelms-haven
Bremerhaven
Ostfriesland
Emden
-2
Groningen
Oldenburg
Bremen
Lüneburg
169
Lüneburger Heide
Elbe
176
Prignitz
Wittenberge
Elbe-Seitenkanal
Polen
Oder
Oderbruch
Warthe
Niederlande
Emsland
73
Cloppenburg
Weser
Aller
Altmark
Stendal
Havel
Berlin
Potsdam
Mittellandkanal
Osnabrück
Hannover
Braunschweig
Magdeburg
201
Luckenwalde
Frankfurt
Arnheim
Ems
Teutoburger Wald
Bielefeld
Weser-bergland
Fläming
Börde
Spreewald
Münster
Münsterland
Rhein
1141 Brocken
Harz
Dessau
Cottbus
Niederlausitz
Lausitzer Neiße
Maas
Göttingen
Deutschland
Leipziger Bucht
Halle
Leipzig
Spree
Essen
Dortmund
Duisburg
Ruhr
Düsseldorf
Kassel
Thüringer Becken
Saale
Oberlausitz
Görlitz
Rothaargebirge
841
Werra
Fulda
Köln
Hessisches Bergland
Eisenach
Erfurt
Jena
Gera
Dresden
Chemnitz
Aachen
Bonn
Thüringer Wald
Zwickau
Elbsandstein-gebirge
Erzgebirge
Aussig (Ústí n. L.)
Westerwald
Gießen
Vogelsberg
Wasserkuppe 950
Rhön
982 Großer Beerberg
Plauen
Vogtland
Frankenwald
1244 Keilberg
Eger
Belgien
Rheinisches Schiefergebirge
Eifel
Koblenz
Mosel
Taunus
Frankfurt
Wiesbaden
Mainz
Main
Fichtel-gebirge
1051 Schneeberg
Eger (Cheb)
Prag (Praha)
Luxem-burg
Trier
Hunsrück
Spessart
Würzburg
Bamberg
Tschechische Republik
Pilsen (Plzeň)
Böhmen
Oden-wald
Oberrheinisches Tiefland
Main-Donau-Kanal
Nürnberg
Fränkische Alb
Oberpfälzer Wald
Moldau
Saar
Pfälzer Wald
Saarbrücken
Mannheim
Metz
Heilbronn
Neckar
Schwäbisch-Fränkisches Stufenland
Bayerischer Wald
Böhmerwald
1456 Großer Arber
Budweis (České Budějovice)
Lothringen
Karlsruhe
Regensburg
Altmühl
Nancy
Stuttgart
Straßburg
Elsass
Frankreich
1164
Schwarzwald
Schwäbische Alb
Isar
Landshut
Passau
Donau
Inn
Linz
Ulm
Augsburg
Alpenvorland
München
Vogesen
1424 Großer Belchen
Freiburg
1493 Feldberg
Iller
Chiemsee
Salzburg
Mülhausen
Lech
Burgundische Pforte
Schaffhausen
Konstanz
Bodensee
Kempten
Allgäu
Alpen
Enns
Dachstein 2995
Basel
Zürich
Schweiz
Jura
Doubs
2962 Zugspitze
Innsbruck
Salzach
Österreich
© westermann 01

Maßstab 1 : 3 000 000
1 cm ≙ 30 km

0 50 100 150 km

Das Sphinx-Aussichtsgebäude auf dem Jungfraujoch, 3 571 m über dem Meer. Von hier aus sieht man den Aletschgletscher.

Ein Junge ruft: »Gleich fährt die Gletscherbahn ab!«

Mit der kommen die drei zum höchstgelegenen Bahnhof Europas. Und dort gibt es das höchste Postamt Europas. Ganz in der Nähe liegen die Berge Mönch, Jungfrau und Eiger. Die Eigernordwand gilt als die bekannteste Kletterwand der Alpen. Der höchste Berg der Schweiz ist mit 4 634 Metern der Monte-Rosa.

Die drei überfliegen mit ihrem Raumschiff die Alpen.

Dabei sehen sie vor allem Berge. Zwei Länder gibt es in den Alpen: Österreich und die Schweiz. In Österreich leben etwa 8,3 Millionen Menschen und die sprechen deutsch. Die Hauptstadt heißt Wien. Im Winter kommen viele Schifahrer ins Land und im Sommer kann man in den Seen baden. Außer dem Fremdenverkehr sind für Österreich die Industrie und die Landwirtschaft besonders wichtig.

Cosmo, Sarah und Florian landen am Großglockner. Dort oben liegt jede Menge Schnee.

Sarah sagt: »Kommt, wir fahren mit dem Schilift hoch!« Viele Skifahrer sind schon unterwegs und Snowboarder gleiten durch den Schnee.

Fast zwei Drittel der Schweiz liegen in den Alpen. Auch in der Schweiz leben 7,4 Millionen Menschen. Die Hauptstadt heißt Bern.

Gesprochen wird deutsch, französisch, italienisch und rätoromanisch. Durch die Banken, die Industrie und den Tourismus ist die Schweiz reich geworden.

Sarah, Florian und Cosmo fliegen nach Grindelwald. Sie wollen zum Aletschgletscher, dem größten und längsten Gletscher der Alpen. Sein Eisstrom ist 24,7 km lang.

⇧⇨ Tourismus bringt viel Geld in die Alpenländer und im Winter ist es schön auf den Schihängen. Aber im Sommer sieht man die Zerstörungen der Landschaft durch den Tourismus.

Florian schickt einen Brief mit interessanten Stempeln an einen Freund. ⇨

Maßstab 1 : 3 000 000
1 cm ≙ 30 km

0 50 100 150 km

»Auf der Karte siehst du die europäischen Staaten«, sagt Florian.

Sarah zeigt auf Großbritannien und sagt: »Da wohne ich.« In Europa gibt es fast fünfzig Staaten. Sarah und Florian erzählen Cosmo, wo sie in Europa schon überall waren. Florian und seine Eltern fahren in den Ferien gerne in die warmen südeuropäischen Länder. Sarah und ihre Eltern mögen die nordeuropäischen Länder Skandinaviens besonders. Durch die Reisen haben die beiden Brieffreundschaften mit Kindern in verschiedenen europäischen Ländern.

Florian sagt: »Es ist schwierig, die Kinder alle zu verstehen, denn in fast jedem Land Europas werden eine oder mehrere Sprachen gesprochen.« Es sollen über 120 Sprachen sein. Allerdings lernen die meisten Kinder und Jugendlichen Englisch. Deswegen ist es für Sarah leichter, sich zu verständigen. Die beiden erzählen Cosmo, dass jedes Land eigene Spezialitäten hat, also Dinge, die dort gegessen und getrunken werden. Und in jedem Land gibt es eine eigene Art zu wohnen, eigene Literatur, Musik, Tänze, Malerei, eigene Gebräuche usw.

Die europäischen Länder wollen sich vor allem politisch und wirtschaftlich enger zusammenschließen. Inzwischen ist man dem Ziel – einem Vereinten Europa – näher gekommen. Man kann zum Beispiel viel leichter als früher von einem europäischen Land ins andere reisen. Auch der Handel zwischen den Ländern wurde erleichtert. Es gibt ein europäisches Parlament, also gewählte Volksvertreter aus verschiedenen Ländern. Daraus soll sich eine europäische Regierung entwickeln. Seit 1999 haben einige europäische Staaten eine gemeinsame Währung, den Euro.

Die Kinder auf Inlineskates zeigen Cosmo ihren Kontinent und die Flaggen Europas.

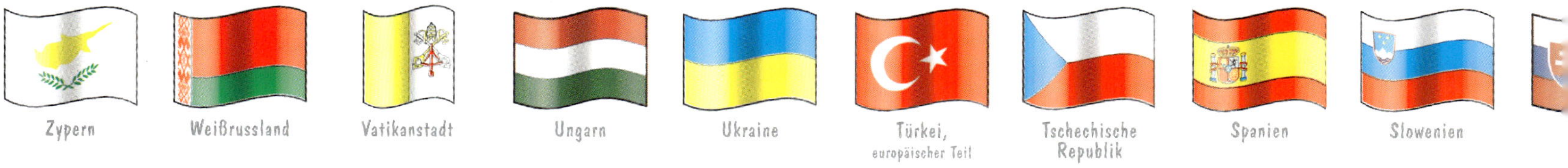

Frankreich
Griechenland
Großbritannien und Nordirland
Irland
Island
Italien
Kosovo
Kroatien
Lettland
Litauen
Liechtenstein
Luxemburg
Malta
Mazedonien
Moldawien
Monaco
Montenegro
Niederlande
Norwegen
Serbien
Schweiz
Schweden
San Marino
Russland, europäischer Teil
Rumänien
Portugal
Polen
Österreich
20°
B
10°
C
0°
D
10°
E
20°
F
30°
G
40°
H
50°
J
60°
70°
80° östl. Länge
1
2
3
4
5
60°
50°
40°
30°
Norwegen
Oslo
Schweden
Stockholm
Finnland
Helsinki
Russland
Moskau
Tallinn
Estland
Riga
Lettland
Litauen
Vilnius
zu Russland
Minsk
Weißrussland
Kasachstan
Nordsee
Ostsee
Vereinigtes Königreich
Großbritannien
London
Dänemark
Kopenhagen
Niederlande
Amsterdam
Brüssel
Belgien
Berlin
Deutschland
Polen
Warschau
Luxemburg
Paris
Frankreich
Prag
Tschechische Republik
Kiew
Ukraine
Slowakei
Wien
Bratislava
Bern
Liechtenstein
Vaduz
Schweiz
Österreich
Budapest
Ungarn
Moldawien
Kischinau
Rumänien
Slowenien
Ljubljana
Zagreb
Kroatien
Bosnien und Herzegowina
Sarajevo
Belgrad
Serbien
Bukarest
Bulgarien
Sofia
Schwarzes Meer
Georgien
Armenien
Aserbaidschan
Kaspisches Meer
Andorra
Monaco
San Marino
Korsika
Rom
Vatikanstadt
Montenegro
Podgorica
Priština
Kosovo
Skopje
Mazedonien
Tirana
Albanien
Italien
Balearen
Sardinien
Ankara
Türkei
Iran
Griechenland
Athen
Mittelmeer
Sizilien
Valletta
Malta
Kreta
Nikosia
Zypern
Libanon
Syrien
Irak
Tunesien
Israel
Jordanien
Kuwait
Saudi-Arabien
Libyen
Ägypten
10°
20°
30°
40°

Maßstab 1 : 25 000 000
1 cm ≙ 250 km

0 500 1000 1500 km

Afrika ist der zweitgrößte Kontinent der Erde.
Über Italien und das Mittelmeer erreichen Cosmo, Sarah und Florian diesen Erdteil. Er besteht aus 53 Staaten, von denen die meisten arm sind. Viele Afrikaner leben in Dörfern und arbeiten in der Landwirtschaft. Aber es gibt auch Großstädte mit Industrie. Die Menschen sind braun bis tiefschwarz, also dunkelhäutig.
Weite Teile Nordafrikas werden von der größten Wüste der Erde bedeckt, der Sahara. Auch in Südwestafrika liegt eine große Wüste, die Namib.

In der Namib versickert ein Fluss in den Dünen. Der See heißt Sossusvlei.

Für den Osten Afrikas ist das Gebirgs-Seen-Hochland typisch.
Hier erstreckt sich der größte See Afrikas, der Victoriasee. Zu dem Hochland gehört der Vulkan Kibo im Kilimanjaro-Gebirge. Mit 5 895 m ist er der höchste Berg Afrikas.
Quer durch das Kongobecken geht der Äquator. Das ist eine gedachte Linie, die die Erde in eine Süd- und eine Nordhalbkugel teilt.
Die Victoriafälle sind die Wasserfälle des Sambesi-Flusses im Südosten Afrikas. Der 1 700 m breite Fluss donnert hier in eine 110 m tiefe und 50 m breite Schlucht. Übersetzt aus der Sprache der Ureinwohner heißen die Wasserfälle »donnernder Rauch«.

Der erste Europäer, der die majestätischen Victoriafälle sah, benannte sie nach der englischen Königin Victoria.

Obwohl der Kilimanjaro in den Tropen, einem immer warmen Gebiet liegt, trägt er eine Schneekappe. Er ragt mit fast 6 000 m in die kalte Höhenluft auf.

Heiß ist es in den Subtropen.
Viele Pflanzen und Tiere sind dort zu Hause. In den Savannen leben Tiere, die man bei uns nur im Zoo sieht: Elefanten, Zebras, Strauße, Löwen, Giraffen und Flusspferde. Diese fast baumlosen Graslandschaften liegen zwischen dem Regenwald und den Wüstengebieten zu beiden Seiten des Äquators.

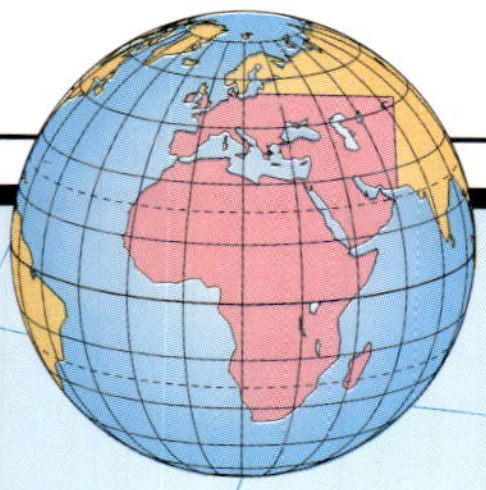

Der längste Fluss Afrikas ist der Nil mit 6 671 km. Danach kommen der Kongo und der Niger.

Auf dem Kongo wird das Tropenholz des Regenwaldes zum Exporthafen gebracht.

Maßstab 1 : 36 000 000
1 cm ≙ 360 km

0 400 800 1200 1600 2000 km

Zum Norden Afrikas gehört Ägypten.
Die Hauptstadt heißt Kairo und dort wohnt Emad. Bis vor kurzem war er in Florians Klasse in Berlin. Bevor er nach Kairo zurückgezogen ist, hat er zu Florian gesagt: »Besuch uns doch! In Ägypten und in Afrika überhaupt gibt es unheimlich viel zu sehen.« Jetzt freut er sich riesig, dass die drei gekommen sind. Emad macht Reisevorschläge: »Zuerst müsst ihr mit einer Karawane durch die Wüste ziehen und danach zeige ich euch die Pyramiden. Vielleicht machen wir auch eine Nilfahrt.«

Auf dem Nil gibt es immer noch Segelschiffe, wie sie schon seit Jahrhunderten gebaut werden. Sie haben ein oder zwei dreieckige, bauchige Segel und heißen Feluken.

Maßstab 1 : 18 000 000
1 cm ≙ 180 km

0 200 400 600 800 1000 km

»Guckt mal, eine Karawane!«, ruft Florian.
50 Kamele und zwölf Männer ziehen seit 20 Tagen durch die Wüste Sahara. Jeden Tag marschieren sie 16 Stunden. Sie kommen aus Timbuktu am Rand der Trockensavanne. Ihr Ziel ist Bilma, eine Oase am Südrand der Sahara. Auf ihrem Weg kamen sie durch die alte Handelsstadt Agadez. Die genügsamen Kamele tragen Hirse und Gewürze. Das alles wollen die Männer in der Oase gegen Salz eintauschen, das zu Hause für die Menschen und Tiere lebensnotwendig ist. Der Führer der Karawane muss die wenigen Brunnen unbedingt finden. Und er darf sich auch bei einem Sandsturm nicht verirren. Die Karawane kann tagsüber nicht anhalten. Wenn man doch rastet, würden die Kamele nicht mehr aufstehen.

Auf uralten Handelswegen ziehen Karawanen von Oase zu Oase bis an den Nil. ➔

In einem Dorf der Trockensavanne treffen sie Khadija.
Hier gibt es keine Straßen, kein fließendes Wasser und keinen Strom. Khadija ist 13. Sie wird noch ein Jahr in die 10 km entfernte Schule gehen. Dann verheiratet man sie. Sie wird für ihren Mann arbeiten, Kinder bekommen und die Familie ernähren. Sie wird ein Feld besitzen, einen Garten und Haushaltsgeld haben. Wasser holen die Frauen frühmorgens aus dem 2 km entfernten Brunnen. Dann machen sie Feuer und bereiten das Frühstück zu. Später arbeiten sie auf den Feldern, im Garten oder hüten Ziegen. Trotz der Hitze bearbeiten sie jetzt noch das Feld ihres Mannes, sammeln Holz, brauen Bier, holen wieder Wasser und bereiten das Abendessen. So geht das Tag für Tag vom Morgengrauen bis in den Abend.

x Fundstellen des Frühmenschen   Δ Pyramide

Diese Figur ist eine Sphinx, ein Fabelwesen. Eine Sage berichtet, die Sphinx lässt keinen Wanderer vorbei, der nicht folgendes Rätsel löst: Morgens vierfüßig, mittags zweifüßig, abends dreifüßig, was ist das? Emad verrät es euch: Der Mensch im Laufe seines Lebens!

In Kairo führt Emads Mutter Touristen zu den Pyramiden.

Sie erzählt Sarah, Florian und Cosmo vom altägyptischen Reich, das sich vor 5 000 Jahren zu einem der mächtigsten Länder der Erde entwickelt hatte. Sie sagt: »Es war eine der ersten Hochkulturen. Hier gab es Bauern, Handwerker, Beamte, Priester, Künstler und Wissenschaftler.« Dann fahren sie zu den Pyramiden von Gise bei Kairo.

Emad erzählt: »Die Pyramiden sind die Grabdenkmäler der altägyptischen Könige, der Pharaonen. Nach ihrem Tod wurden sie einbalsamiert. Diese Mumien hat man dann zusammen mit Schätzen in der Grabkammern der Pyramiden beigesetzt. Die größte Pyramide hier ist die Cheops-Pyramide. Gebaut wurde sie 2500 vor Christus. Sie ist 146 m hoch. Tausende Arbeiter haben sie in zwanzig Jahren Stein für Stein aufgebaut. Jeder Stein wiegt 2,5 Tonnen und damals gab's keine Kräne!«

Im alten Ägypten wurde auch die Schrift erfunden. Die Griechen nannten sie Hieroglyphen. Diese Bilder- und Lautschrift besteht aus 700 Zeichen. Erst im 19. Jahrhundert gelang es, die Hieroglyphen zu enträtseln.

Die Hieroglyphen bedeuten: Der Sekretär des Archivs heißt Rahetep.

Sarah und Florian haben von Fußspuren der ersten Menschen gehört.

In Ostafrika hat man sie gefunden. Die wollen sie Cosmo zeigen. Die Spuren entstanden, als vor 3,7 Millionen Jahren ein Vulkan ausbrach. Er bedeckte die ganze Gegend mit Asche. Eine Mutter und ihr Kind flüchteten vor dem Ausbruch. Dabei haben die beiden ihre Fußabdrücke in der Vulkanasche hinterlassen. 1976 hat man die Abdrücke in der Nähe von Olduvai gefunden. An ihrer Form sieht man, dass sie nicht von Menschenaffen stammen. Man ordnet sie den Vormenschen zu.

Daniel zeigt Cosmo, wie die Vormenschen vielleicht ausgesehen haben. Afrikanische Kinder, die wie Daniel Christen sind, haben häufig biblische Namen wie dieser Junge.

Die Vormenschen gingen aufrecht, waren 1,10 bis 1,40 Meter groß und wogen 25 bis 40 Kilogramm. Sie lebten ungefähr vier Millionen bis eine Million Jahre vor uns auf der Erde, und zwar in Süd- und Ostafrika. Auch durch andere Funde in dieser Gegend nimmt man an, dass die Geschichte der Menschen mit diesen Vormenschen in Afrika begann. Von hier breiteten sich unsere Vorfahren dann immer weiter aus. Cosmo zeichnet die Fundorte der Urmenschen mit roten Kreuzen in die Karte ein.

Fußabdrücke von Vormenschen. Rechts im Bild sieht man auch Spuren flüchtender Tiere.

…wundert das Fahrrad aus Draht. Viele Kinder in …ben von Handwerkern gebautes Drahtspielzeug.

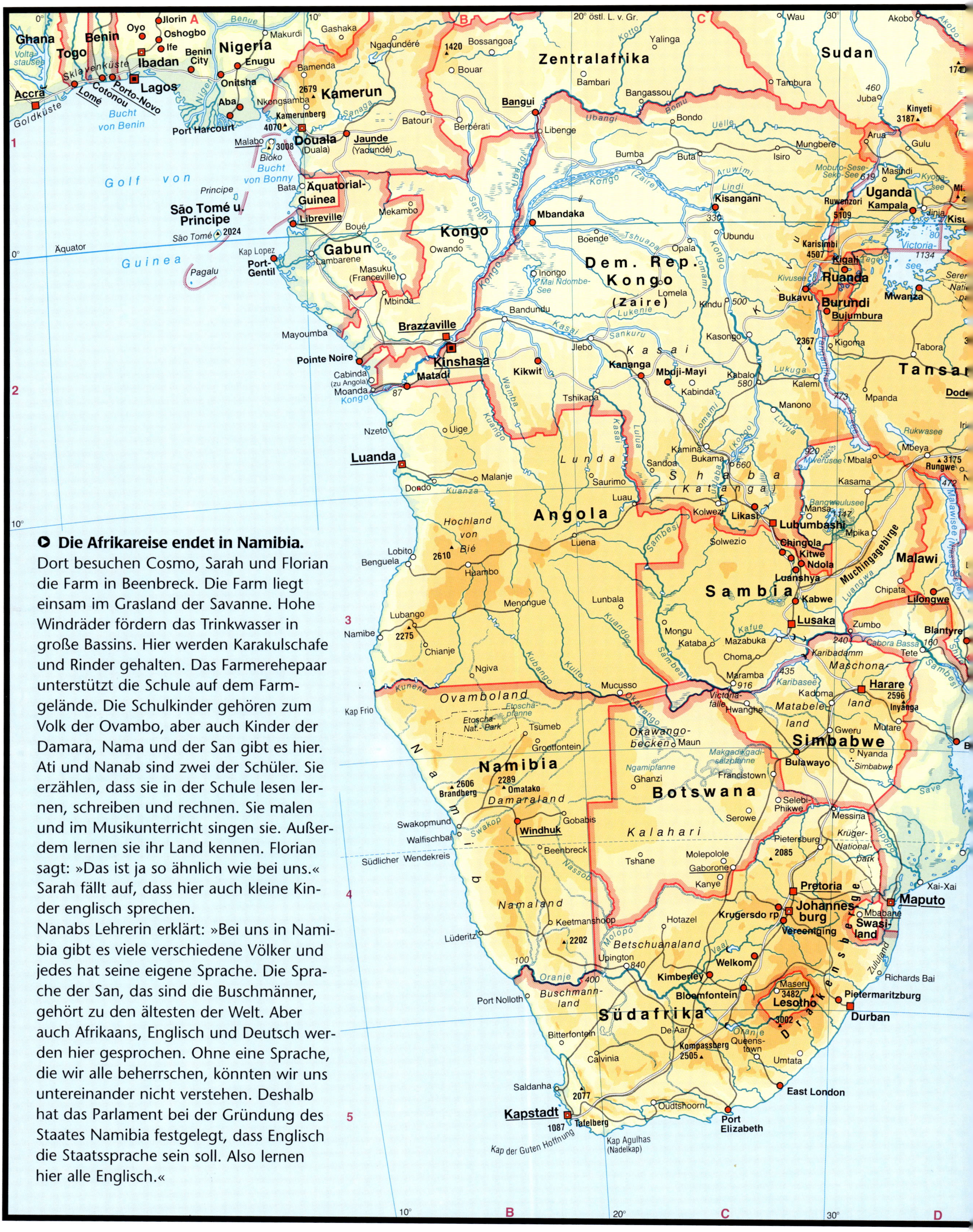

Die Afrikareise endet in Namibia. Dort besuchen Cosmo, Sarah und Florian die Farm in Beenbreck. Die Farm liegt einsam im Grasland der Savanne. Hohe Windräder fördern das Trinkwasser in große Bassins. Hier werden Karakulschafe und Rinder gehalten. Das Farmerehepaar unterstützt die Schule auf dem Farmgelände. Die Schulkinder gehören zum Volk der Ovambo, aber auch Kinder der Damara, Nama und der San gibt es hier. Ati und Nanab sind zwei der Schüler. Sie erzählen, dass sie in der Schule lesen lernen, schreiben und rechnen. Sie malen und im Musikunterricht singen sie. Außerdem lernen sie ihr Land kennen. Florian sagt: »Das ist ja so ähnlich wie bei uns.« Sarah fällt auf, dass hier auch kleine Kinder englisch sprechen.

Nanabs Lehrerin erklärt: »Bei uns in Namibia gibt es viele verschiedene Völker und jedes hat seine eigene Sprache. Die Sprache der San, das sind die Buschmänner, gehört zu den ältesten der Welt. Aber auch Afrikaans, Englisch und Deutsch werden hier gesprochen. Ohne eine Sprache, die wir alle beherrschen, könnten wir uns untereinander nicht verstehen. Deshalb hat das Parlament bei der Gründung des Staates Namibia festgelegt, dass Englisch die Staatssprache sein soll. Also lernen hier alle Englisch.«

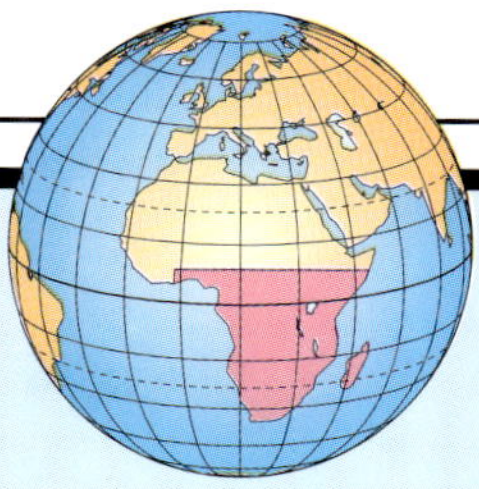

Ati hat sich als Haustier ein Erdmännchen gefangen.
Die Erdmännchen leben in Erdkolonien in den trockenen Landschaften Südafrikas. Sie sind gesellige Tiere, lassen sich leicht zähmen und sind sehr anhänglich. Ihren Namen haben sie wegen der aufrechten Haltung, mit der sie neugierig nach Beutetieren Ausschau halten. Viele Kinder hier halten sich ein zahmes Tier.
Interessante Tiere für die Kinder von Beenbreck sind auch Warane und Erdschweine.

Die Kinder der Farmschule Beenbreck singen Cosmo, Sarah und Florian gerade ein Begrüßungslied.

Die Farm Beenbreck liegt 100 km südlich von Windhuk.

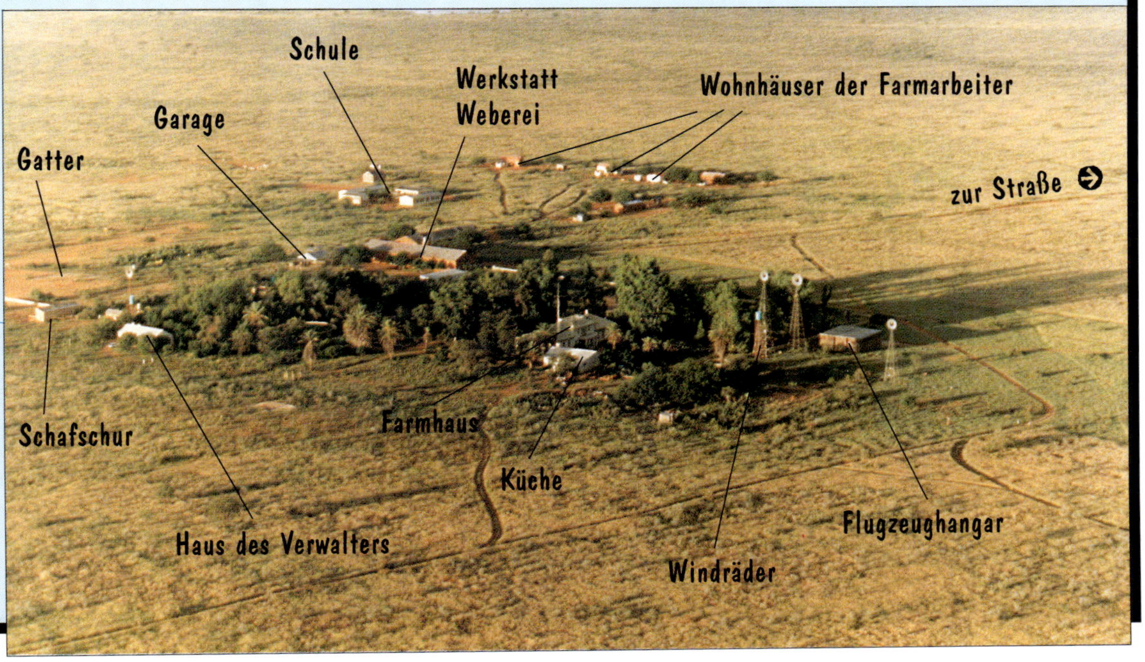

Maßstab 1 : 18 000 000
1 cm ≙ 180 km

0 200 400 600 800 1000 km

Über den Atlantischen Ozean geht es weiter nach Amerika.

Im Atlas sehen sie sich die Karte von diesem Doppelkontinent an.

Sarah erklärt: »Doppelkontinent nennt man den Erdteil, weil er aus Nord- und Südamerika besteht. Die beiden Teile sieht man ganz deutlich. Der Teil dazwischen, der Nord- und Südamerika verbindet, das ist Mittelamerika.«

Die Vereinigten Staaten (USA) nennt man zwar oft Amerika. Sie sind aber nur ein Teil Nordamerikas. Grönland im Norden gehört politisch zu Dänemark, geografisch aber zu Amerika.

Florian sagt: »Guckt mal, der ganze Erdteil wird von Gebirgen umrahmt!«

Im Westen sind es die Kordilleren, mit 15 000 km das längste Gebirge der Erde. Die beginnen im Norden in Alaska und reichen bis zur Spitze Südamerikas nach Feuerland. An der Westküste der USA heißen die Kordilleren Rocky Mountains, in Südamerika Anden. Gegenüber an der Ostküste liegen die Appalachen und das Brasilianische Bergland.

Flachländer, die Great Plains, das heißt »Große Ebenen« auf Englisch, die Llanos, so nennt man die Ebenen im Spanischen, das Amazonasbecken, der Gran Chaco und die Pampa. In der Sprache der Indianer heißt Pampa »baumlose Ebene«.

Gletscher gibt es nicht nur im Norden Amerikas, sondern auch im Süden, in Patagonien und Feuerland.

1998 brach der Vulkan Popocatepetl wieder aus. Er liegt nur 70 km von Mexiko-Stadt entfernt, wo etwa 20 Millionen Menschen leben. Solch eine Vulkanwolke kann über 10 km in die Höhe steigen und ein weites Umland mit Asche bedecken.

Der heißeste Ort Amerikas liegt im Tal des Todes, 86 m unter dem Meeresspiegel. 1913 wurden hier 56,7 Grad Celsius gemessen. Eines der trockensten Gebiete der Erde ist die Atacamawüste in Südamerika. Der höchste Berg ist der Aconcagua mit 6 960 m. Florian sagt: »Besonders gut kann man sich den seltsamen Namen Popocatepetl merken.« Übersetzt heißt das übrigens »rauchender Berg«.
Mit 6 437 km ist der Amazonas der längste Fluss Amerikas. Der größte und mit 405 m tiefste See ist der Oberer See in Nordamerika.

Maßstab 1 : 36 000 000
1 cm ≙ 360 km

0 400 800 1200 1600 2000 km

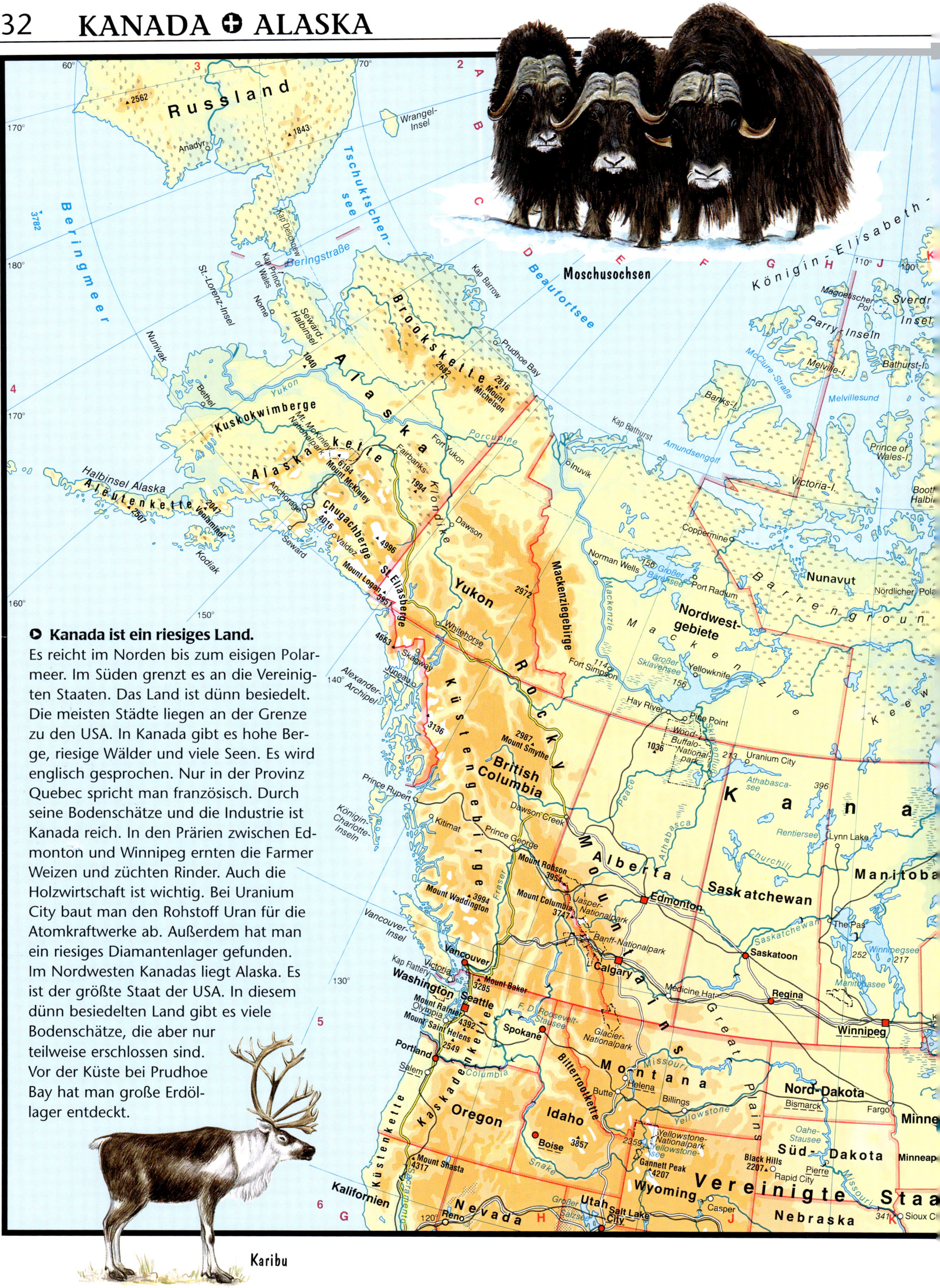

Kanada ist ein riesiges Land.
Es reicht im Norden bis zum eisigen Polarmeer. Im Süden grenzt es an die Vereinigten Staaten. Das Land ist dünn besiedelt. Die meisten Städte liegen an der Grenze zu den USA. In Kanada gibt es hohe Berge, riesige Wälder und viele Seen. Es wird englisch gesprochen. Nur in der Provinz Quebec spricht man französisch. Durch seine Bodenschätze und die Industrie ist Kanada reich. In den Prärien zwischen Edmonton und Winnipeg ernten die Farmer Weizen und züchten Rinder. Auch die Holzwirtschaft ist wichtig. Bei Uranium City baut man den Rohstoff Uran für die Atomkraftwerke ab. Außerdem hat man ein riesiges Diamantenlager gefunden. Im Nordwesten Kanadas liegt Alaska. Es ist der größte Staat der USA. In diesem dünn besiedelten Land gibt es viele Bodenschätze, die aber nur teilweise erschlossen sind. Vor der Küste bei Prudhoe Bay hat man große Erdöllager entdeckt.

Karibu

Maßstab 1 : 18 000 000
1 cm ≙ 180 km
0 200 400 600 800 1000 km

▶ Bei Inuvik im Polargebiet treffen Cosmo und seine Freunde Kipanik.

Sarah fragt ihn: »Seid ihr eigentlich Eskimos oder Inuit?«

Kipanik antwortet, dass sie »Eskimos« nicht gerne hören. Denn das heißt »Rohfleischesser«. Sie nennen sich selber »Inuit«, also »Mensch«.

Er zeigt ihnen das Holzhaus, in dem er mit seinen Eltern und der Schwester wohnt. Es steht auf Stelzen. Kipanik erzählt: »Das muss so sein, damit das Haus im Sommer nicht einsinkt, wenn der Boden auftaut.«

Dorsch

Heilbutt

Sein Vater hat Arbeit in der Fischfabrik. Aber viele Menschen hier sind arbeitslos. Im Ort gibt es eine Schule und einen Laden.

Kipanik spricht englisch. Er sagt: »Die Inuit haben auch eine eigene Sprache, eigene Lieder und Geschichten.«

Einige Menschen in diesem Gebiet leben wie früher als Jäger. Sie wohnen in kleinen Ortschaften, ohne Schule, ohne Laden und ziemlich einsam. Sie jagen Robben, Eisbären, Walrosse und Karibus, also Rentiere. Und sie fischen Dorsch oder Heilbutt. Kipanik war mit seinem Vater auch schon auf der Jagd. Früher benutzte man dafür Hundeschlitten. Heute nimmt man schnelle Motorschlitten. Auf der Jagd werden manchmal Iglus gebaut. Das sind kuppelartige Hütten aus Schneeblöcken.

Kipanik erzählt: »Von November bis Januar sehe ich keine Sonne. Dann ist Polarnacht. Es kann bis zu 50 Grad kalt werden. Von Mai an geht die Sonne zwei Monate nicht unter. Dann ist Polartag. Es wird 15 Grad warm und es blühen sogar Pflanzen.«

Eisbär

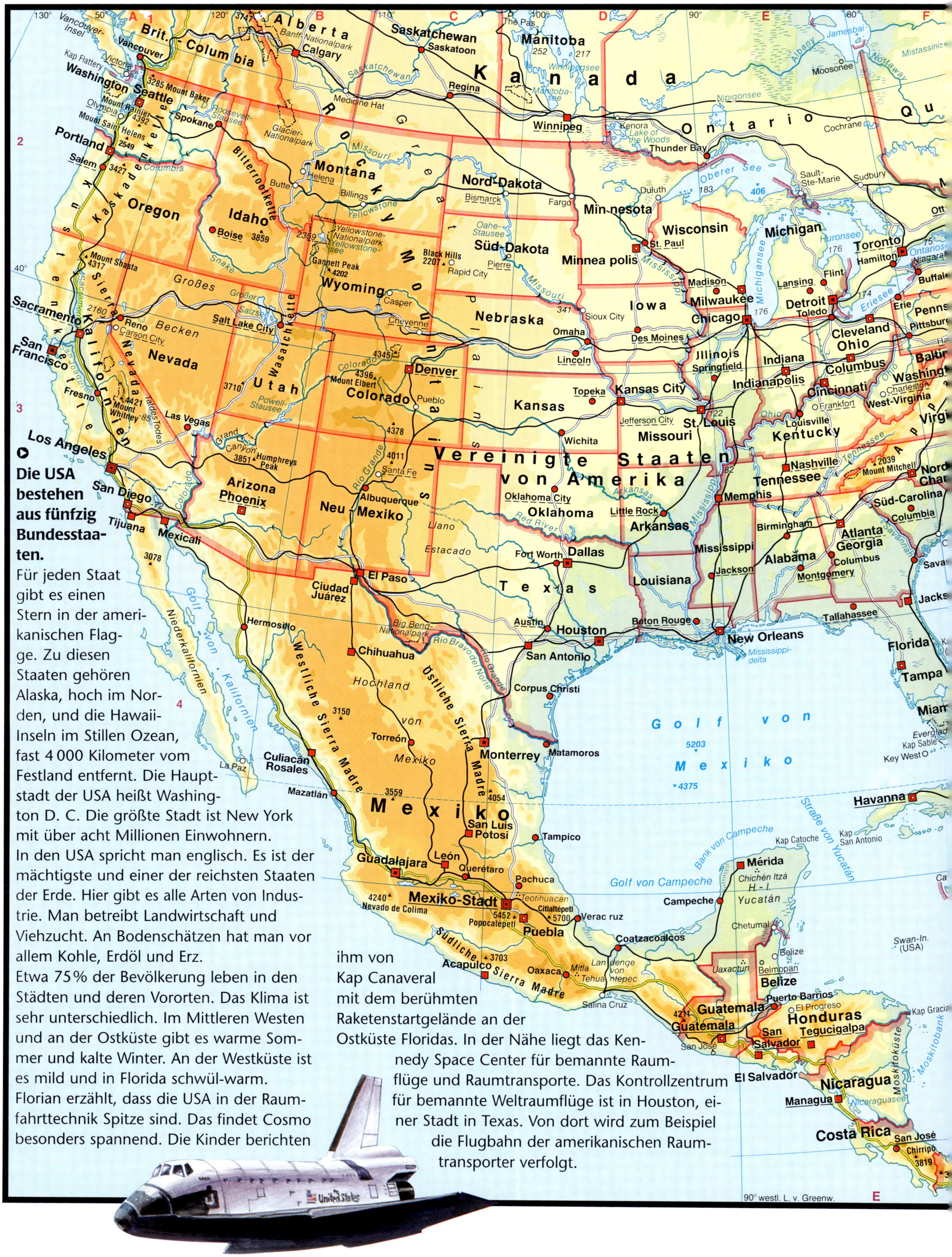

Die USA bestehen aus fünfzig Bundesstaaten. Für jeden Staat gibt es einen Stern in der amerikanischen Flagge. Zu diesen Staaten gehören Alaska, hoch im Norden, und die Hawaii-Inseln im Stillen Ozean, fast 4 000 Kilometer vom Festland entfernt. Die Hauptstadt der USA heißt Washington D. C. Die größte Stadt ist New York mit über acht Millionen Einwohnern. In den USA spricht man englisch. Es ist der mächtigste und einer der reichsten Staaten der Erde. Hier gibt es alle Arten von Industrie. Man betreibt Landwirtschaft und Viehzucht. An Bodenschätzen hat man vor allem Kohle, Erdöl und Erz. Etwa 75 % der Bevölkerung leben in den Städten und deren Vororten. Das Klima ist sehr unterschiedlich. Im Mittleren Westen und an der Ostküste gibt es warme Sommer und kalte Winter. An der Westküste ist es mild und in Florida schwül-warm. Florian erzählt, dass die USA in der Raumfahrttechnik Spitze sind. Das findet Cosmo besonders spannend. Die Kinder berichten ihm von Kap Canaveral mit dem berühmten Raketenstartgelände an der Ostküste Floridas. In der Nähe liegt das Kennedy Space Center für bemannte Raumflüge und Raumtransporte. Das Kontrollzentrum für bemannte Weltraumflüge ist in Houston, einer Stadt in Texas. Von dort wird zum Beispiel die Flugbahn der amerikanischen Raumtransporter verfolgt.

Mittelamerika ist ein schmaler Landstreifen zwischen Nord- und Südamerika.
Dazu gehören die Karibischen Inseln, die man auch Westindische Inseln nennt. Mittelamerika besteht aus vielen kleineren Ländern. An der engsten Stelle verbindet der Panamákanal den Atlantischen mit dem Pazifischen Ozean. Die Festlandstaaten sind bis auf eine weiße Minderheit indianisch.

Vor über fünfhundert Jahren landete der Seefahrer Christoph Kolumbus in Amerika.
Bis dahin hatten hier nur Indianer gelebt, die wahrscheinlich vor etwa 20 000 Jahren aus Asien gekommen waren. Zuerst entdeckte Kolumbus Kuba, Haiti und eine der Bahamas. Die Ureinwohner nannte er Indianer, weil er glaubte, er wäre in Indien gelandet. Bis heute heißen diese Inseln »Westindische Inseln«, obwohl sie im Osten Mittelamerikas liegen.
Die heutigen Bewohner der USA sind vor allem Einwanderer. Die ersten kamen bald nach Kolumbus im 16. Jahrhundert aus Europa. Die Indianer kämpften gegen diese Eindringlinge, verloren und wurden weiter und weiter zurückgedrängt.

Auch in die Indianerreiche Mittel- und Südamerikas drangen europäische Eroberer ein. In grausamen Kämpfen besiegten sie die Indios.
Viele Amerikaner stammen von schwarzen Sklaven ab. Bis ins 19. Jahrhundert verkauften Sklavenhändler den Siedlern Menschen, die man aus Afrika verschleppt hatte. Besonders in den Südstaaten der USA und auf den Westindischen Inseln mussten sie als Sklaven auf den Feldern arbeiten. Später warben die Siedler aus Europa dann billige Arbeitskräfte aus Asien an. So entstand in Amerika ein Bevölkerungsgemisch aus vielen Völkern dieser Erde.

Maßstab 1 : 18 000 000
1 cm ≙ 180 km
0 200 400 600 800 1000 km

Das westlichste Ziel ihrer USA-Reise ist Hollywood im warmen Süden Kaliforniens.
Hollywood kennt jeder, obwohl es eigentlich nur ein Stadtteil von Los Angeles ist. Diese drittgrößte Stadt der USA nennen hier alle nur L. A. Hollywood ist der Mittelpunkt der Filmindustrie. Sie hat sich entwickelt, seit 1908 hier der erste Film gedreht wurde. In dieser Gegend arbeiten und leben viele bekannte Filmschauspieler und Regisseure. Die Kinder und Cosmo besuchen die Universal-Film-Studios. Dort erfahren sie einiges aus der Geschichte des Films und wie Filme entstehen. Im Vorhof von Ted Mann's Chinese Theatre sehen sie auf den Fußbodenplatten die Fuß- und Handabdrücke der Hollywoodstars. In der Kulisse einer alten Westernstadt erleben sie bei einer Stuntmen-Show, wie ein Mann aus einem Fenster direkt auf sein Pferd springt.

»Ein Wirbelsturm!«, ruft Sarah.
Hier nennt man ihn Tornado. In Kansas gibt es häufig Tornados. Dazu muss heiße Luft auf kalte trockene Luft stoßen. Dabei entsteht ein Luftwirbel, der alles aufsaugt. Die Kinder sehen entwurzelte Bäume und abgedeckte Häuser. Zum Glück dauern Tornados nie lange und haben einen geringen Durchmesser.

Bei Santa Fe treffen sie einen Indianerjungen.
Er lebt in einem Pueblo. Und er ist ein Pueblo. Er erzählt: »Wir Pueblo sind eine Gruppe von Indianerstämmen. Wir wohnen in einer Siedlung aus mehrstöckigen Lehmhäusern. Die hat man stufenweise über- und nebeneinander gebaut. Mein Stamm lebt schon seit vielen hundert Jahren hier.«

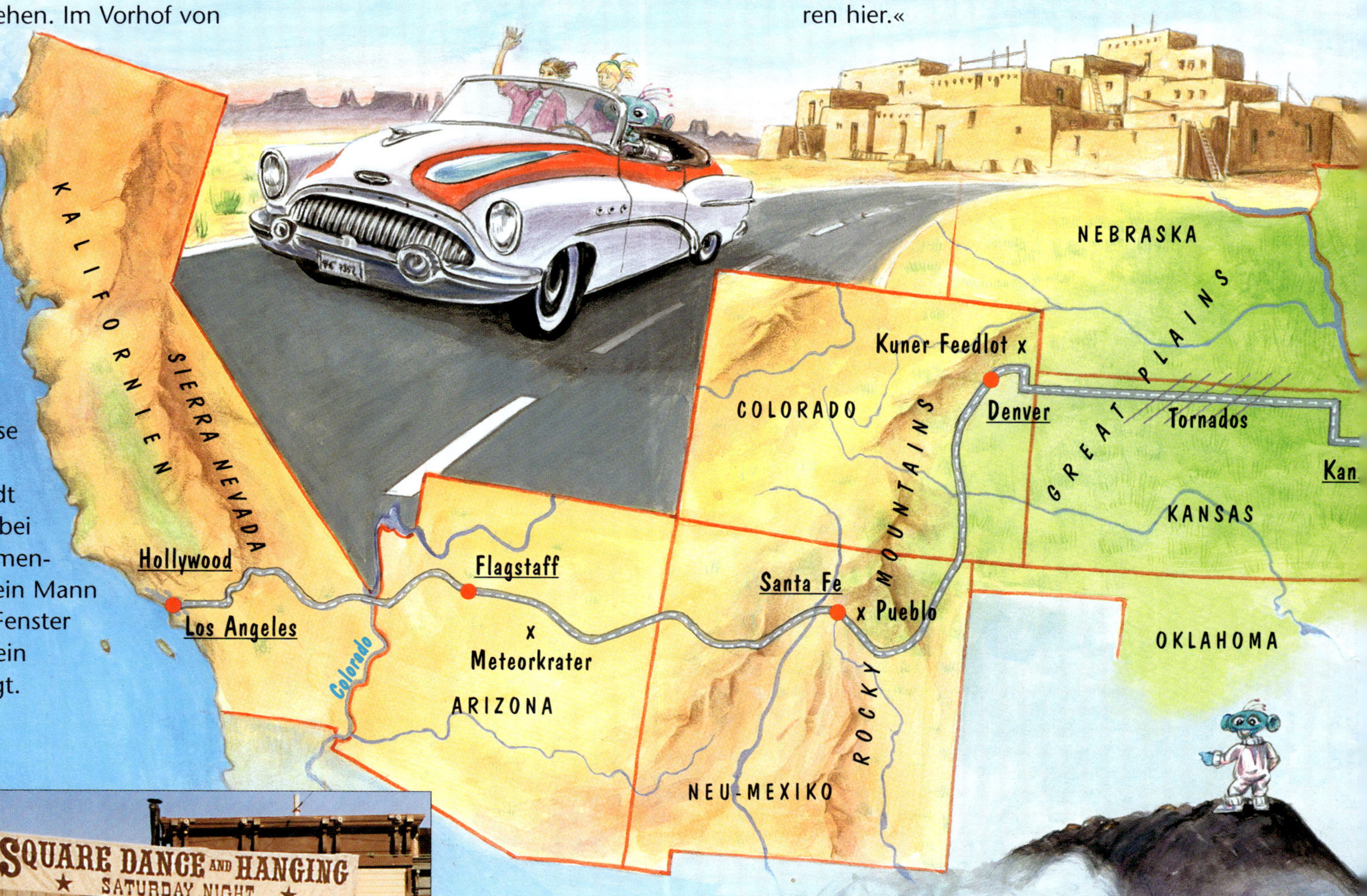

Im Bundesstaat Arizona fahren sie zu einem gewaltigen Loch im Boden.
Es hat einen Durchmesser von 1200 m und ist 180 m tief. Sie stehen vor dem größten Meteoritenkrater der Erde. Hier krachte vor etwa 27 000 Jahren ein Steinklumpen aus dem Weltall auf die Erde und riss dieses Loch.
Cosmo staunt: »Der Stein war Besuch aus dem All wie ich.«

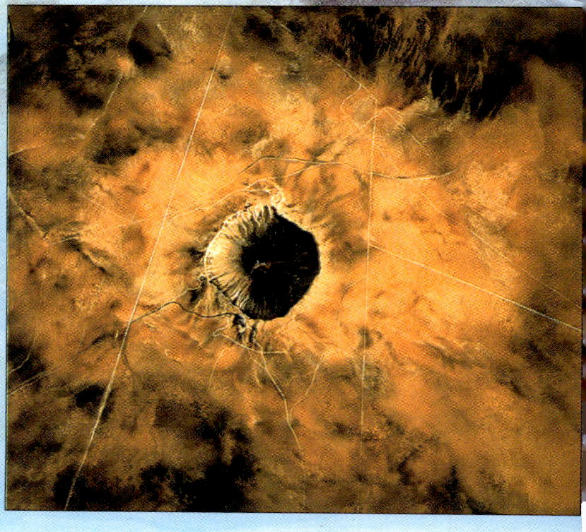

Immer wieder sehen sie im Freien Rinder in Feedlots.
Das sind große Mastbetriebe, in denen bis zu 30 000 Rinder leben. Cowboys, die die Tiere zu den Weiden treiben, braucht man hier nicht.

Bis zu 2 000 Rinder werden in den Mastbuchten in Rekordzeit schlachtreif gefüttert. Doch auch in den USA gibt es inzwischen Farmer, die ihre Tiere artgerecht halten.

Cosmo und die Kinder beginnen ihre USA-Reise in New York.
Am Hafeneingang sehen sie die Freiheitsstatue. Mit einem Straßenkreuzer fahren sie durch eine der größten und lebhaftesten Städte der USA. In Manhattan, dem ältesten Stadtteil, steht ein Wolkenkratzer neben dem anderen. Ständig kommen sie an Geschäften, Restaurants und Kinos vorbei.

Bei St. Louis überqueren sie den Mississippi.
Er ist der größte Fluss der USA und einer der längsten der Erde. Auf ihm fuhren früher die typischen Mississippi-Dampfschiffe mit ihren Schaufelrädern und den hohen Schornsteinen. Einer der Schiffslotsen auf diesem Fluss hieß Mark Twain. Er wurde ein bekannter Schriftsteller. Viele seiner Bücher spielen am Mississippi. Sarahs Lieblingsbuch von Mark Twain ist »Tom Sawyers Abenteuer«.

Das Autofahren hat Cosmo blitzschnell gelernt.
Ihre zweite Station ist Washington D. C., die Hauptstadt. Das Weiße Haus, in dem der amerikanische Präsident regiert und wohnt, kennt Florian aus dem Fernsehen. Er staunt: »Es ist ja wirklich ganz weiß.« Viel größer ist das Kapitol, in dem die Abgeordneten tagen. Eines der Museen an der Museumsmeile ist das Air-Space-Museum. Hier wird sogar Mondgestein ausgestellt.

Die Internet-Adresse des Museums lautet: www.nasm.si.edu

In den Great Plains verläuft die Straße schnurgerade durch endlose Felder.
Früher waren hier Prärien, auf denen Büffel lebten. Heute wird Mais, Baumwolle und Weizen angebaut. In diesen landwirtschaftlichen Gegenden kommt man durch kleine Städte. Überall gibt es Fastfood-Restaurants. Popcorn, Coca-Cola und Kaugummi wurden in Amerika »erfunden«.

»In Indianapolis gibt es ein berühmtes Autorennen«, sagt Florian.
Es sind die 500 Meilen von Indianapolis. Die Rennwagen verbrauchen noch mehr Benzin als Straßenkreuzer. Umweltfreundlich ist man hier nicht.

Das Lama ist das wichtigste Haustier der Hochlandindianer. Es dient als Tragetier und liefert Milch und Wolle.

In Südamerika sehen Sarah, Florian und Cosmo Wüsten, große Seen und weite Grasflächen, die Pampa.

Sarah sagt: »Aus Südamerika kamen die Meerschweinchen nach Europa.« Von der Karibik bis nach Feuerland ragt im Westen die riesige Gebirgskette der Anden hoch. In den letzten Jahren waren hier 15 Vulkane aktiv. Bei der Stadt Quito liegt der höchste Vulkan der Erde, der Cotopaxi mit 5 911 Metern, aus dessen Krater ständig Rauch aufsteigt. Der Titicacasee ist 15-mal so groß wie der Bodensee und er ist der höchstgelegene See, der von Schiffen befahren wird. Dort leben Indianer auf riesigen Schilfflößen wie in schwimmenden Dörfern. Auch in dieser Höhe von fast 4 000 Metern wird Landwirtschaft betrieben. Cuzco – eine alte Inkastadt – ist mit 3 410 Metern die höchstgelegene Stadt der Erde. In der Nähe liegen die Ruinen von Machu Picchu, einer berühmten heiligen Stätte der Inka-Indianer. Man nennt sie die »Vergessene Stadt«. Die spanischen Eroberer haben diese schwer erreichbare Stadt im 16. Jahrhundert nämlich »übersehen«. Die Stadt Quito mit 1,4 Millionen Menschen liegt etwa so hoch wie die Zugspitze. Und sie liegt genau am Äquator, also in den eigentlich immer warmen Tropen. Aber durch die Höhenlage kann es hier fast jede Nacht Frost geben.

In den Anden entspringen viele Flüsse wie zum Beispiel der Amazonas. Trotzdem liegt am Westfuß der Anden, im Norden von Chile, die Atacama, eine der trockensten Wüsten überhaupt. Bei Iquique regnet es praktisch nie. Wer dort arbeitet, muss viel trinken, sonst trocknet er aus.

Die Pflanzen in den Anden sind der starken Sonneneinstrahlung und den Temperaturschwankungen des Hochgebirgsklimas besonders angepasst. Ihre Blätter sind meistens stark behaart.

Maßstab 1 : 18 000 000
1 cm ≙ 180 km
0 200 400 600 800 1000 km

Wie eine riesige Schlange windet sich der Amazonas durch den tropischen Regenwald.

Mit 6 347 km ist er der zweitlängste Fluss der Erde. Seine Quellflüsse entspringen in den Bergen Perus. Dort, wo sie zusammenfließen, südwestlich der Stadt Iquitos, ist der Amazonas schon 1,8 km breit. Seine Mündung hat eine Breite von 250 km. Er hat mehr als 200 Nebenflüsse, 17 davon sind länger als der Rhein. Das Amazonasbecken kann man sich wie eine flache Schüssel vorstellen. In ihrem Innern liegt das Tiefland mit dem tropischen Regenwald.

Cosmo verwandelt das Raumschiff in ein Kanu. Und mit dem fahren sie auf dem Amazonas in den größten Regenwald der Erde. Dieser immergrüne Wald wächst nur in tropischen Gebieten. Denn er braucht ständig hohe Temperaturen und fast täglich Regen.

Sie machen das Schiff am Ufer fest und gehen in den tropischen Regenwald. Es ist dämmrig, schwül-warm, windstill und ruhig. Am Boden sehen sie kein Unterholz und keine Kräuter. Die Bäume sind hoch und stehen dicht. Dicke Lianen klettern an ihnen hinauf. In Astgabeln wachsen leuchtende Orchideen. Das meiste Leben findet man oben in den Baumkronen. Da klettern Affen, sitzen Papageien und viele andere Vögel.

Der Regenwald ist der Lebensraum von Millionen Tier- und Pflanzenarten. Außerdem ist er für das Klima der Erde wichtig. Wenn er abgeholzt wird, kommt es zu Naturkatastrophen, zum Beispiel zu langen Dürrezeiten und gewaltigen Unwettern. Auf der Suche nach Ackerland drangen immer mehr Menschen aus den trockenen Gebieten Brasiliens in den Regenwald ein. In kurzer Zeit entstanden riesige Siedlungen. Es wurden Straßen gebaut. Man brauchte Platz. Deswegen fällte man die Bäume. Große Regenwaldgebiete brannte man auch einfach ab.

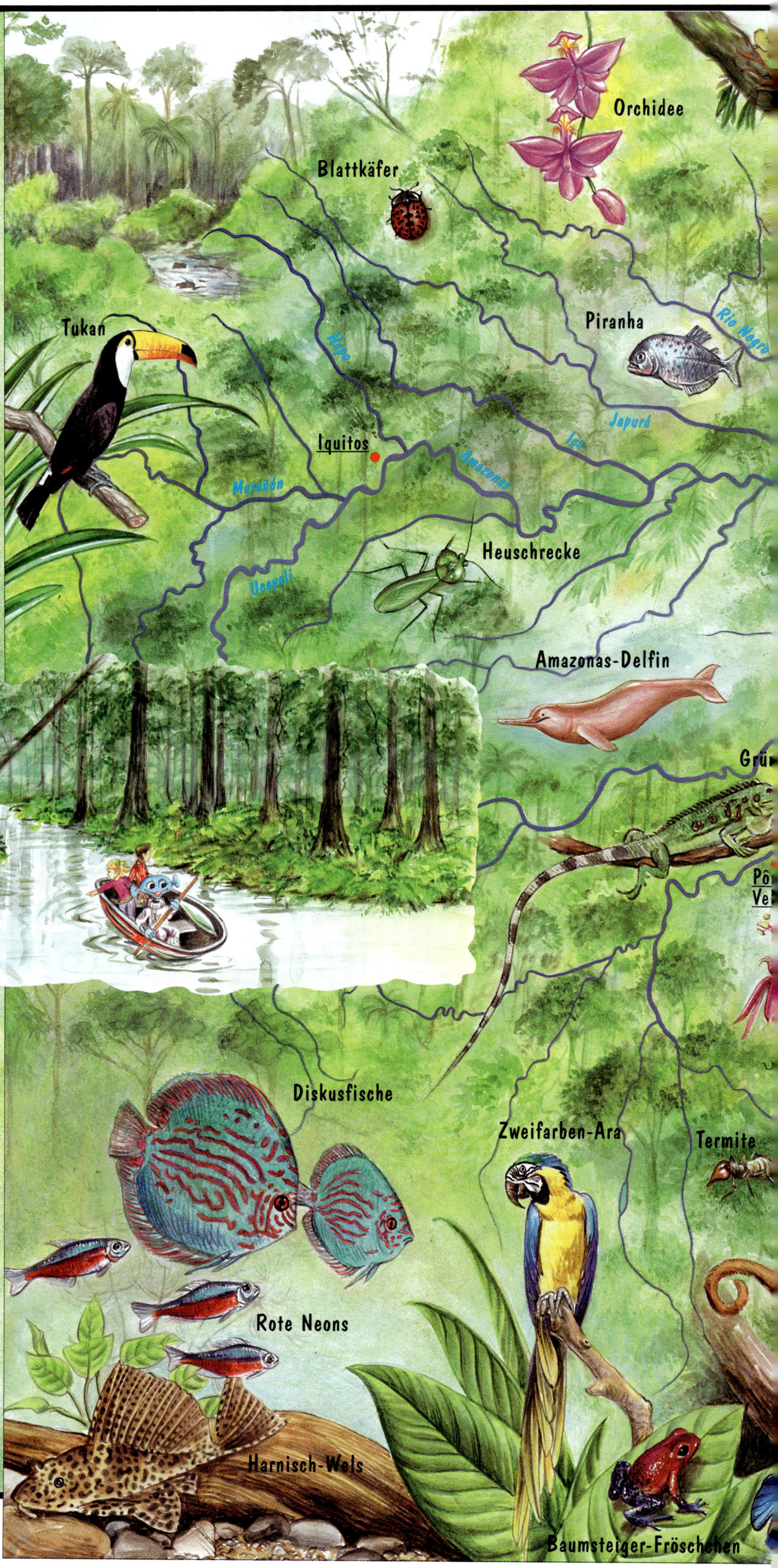

0 100 200 300 400 500 km

Die Yanomamikinder basteln ihr Spielzeug aus dem, was sie im Regenwald finden.

»Was ist das?«, fragt Florian.
Auf dem Waldboden bewegt sich eine Kolonne von Blättern und Blütenteilen. Sie werden von den Arbeitern der Blattschneiderameise in ihre großen unterirdischen Bauten geschleppt. Die Ameisen zerschneiden die Blätter mit ihren scharfen Kieferngangen. Wenn sie sich über einen Baum hermachen, ist der schnell kahl. Im Nu ist die Beute zerkaut. Die Masse kommt in so etwas wie ein Beet, das die Ameisen mit Pilzen bepflanzen. Die bilden nährstoffreiche Knöllchen, von denen sich die Ameisen ernähren.

An der Grenze zwischen Brasilien und Venezuela treffen Cosmo, Sarah und Florian auf einen Stamm Waldindianer. Die Yanomami sind mit 15–20 000 Menschen das größte Waldindianervolk der Erde. Sie leben hier seit hunderten von Jahren und sie leben noch fast wie früher. Dazu gehört, dass sie sich von dem ernähren, was sie im Wald sammeln und jagen. Ein Junge zeigt den dreien eines ihrer kleinen Felder. Die werden schon nach kurzer Zeit aufgegeben. Dann roden die Indianer eine andere Stelle und legen ein neues Feld an. So kann sich der Regenwald erholen.
Weil man im Gebiet der Yanomami Gold und andere Bodenschätze gefunden hat, sind hier Weiße eingefallen. Sie brachten Krankheiten mit, gegen die die Indianer keine Abwehrkräfte haben. Außerdem zerstörten sie den Wald, töteten viele Indianer und nahmen ihnen den Lebensraum. Dadurch ist das Volk der Yanomami vom Aussterben bedroht.

Südamerika im Jahr 1520

Historische Weltkarte von Battista Agnese aus dem Jahr 1544.

Die Kinder zeigen Cosmo eine Weltkarte aus dem Jahr 1544.
Darauf ist die Route eingezeichnet, die der portugiesische Seefahrer Magellan mit fünf Schiffen und 265 Seeleuten von Spanien aus nahm. Sie starteten am 20. September 1519. Das Ziel waren die Gewürzinseln, eine indonesische Inselgruppe, die man auch Molukken nennt. Über Teneriffa und Guinea erreichten die Seefahrer am 10. Januar 1520 die Mündung des Rio de la Plata in Südamerika.
Magellan nannte die riesige Meeresbucht, die der Rio de la Plata eigentlich ist, Silberfluss. Denn er sah am Ufer Indianer mit Silberschmuck. Buenos Aires gab es aber noch nicht, als Magellan hier ankam. Die heutige Millionenstadt wurde erst 16 Jahre später gegründet.

Zur Zeit dieser Seefahrer gab es in Südamerika viele Städte noch nicht, die heute wichtig sind und die später von Spaniern und Portugiesen gegründet wurden. Aber es gab das riesige Inkareich, das sich über mehr als 3 000 km entlang der südamerikanischen Pazifikküste ausdehnte. Eine der Inkahauptstädte war Cuzco im heutigen Peru, eine andere wichtige Inkastadt Quito. Die Inkas waren ein Volk mit hoher Kultur. Es gab ein gut ausgebautes Straßensystem. Es gab Paläste, Tempel, Bewässerungsanlagen, Terrassenfelder und Bergbau. Das Inkareich wurde 1532 von den Spaniern erobert und zerstört.
Auch andere Indianerreiche dieser Zeit hatten eine hohe Kultur entwickelt. Dazu gehörten die Azteken mit ihrer Hauptstadt Tenochtitlan, dem heutigen Mexiko-Stadt. Außerdem lebten in Südamerika viele andere Stämme und Volksgruppen wie die Caraja, Tupi und Guarani. Ein Teil dieser Indianerstämme war als Nomaden in den Grasländern unterwegs. Im Regenwald lebten die Waldindianer.

Magellans Schiffe segelten aus dem Rio de la Plata nach Süden. Fast an der Spitze Südamerikas entdeckten sie eine 600 km lange stürmische und neblige Meerenge zwischen Südamerika und Feuerland. Die durchquerten sie als erste Seefahrer. Südlich von ihnen leuchteten nachts die Feuer der Indianer. Deswegen nannte Magellan diese Inseln Feuerland. Später bekam die Meerenge, die sie durchfuhren, Magellans Namen. Nach einer gefährlichen Fahrt durch die Meerenge erreichte sie den Pazifischen Ozean. Erst 1523 kehrte die Flotte, die viele Strapazen und Gefahren überstanden hatte, in die Heimat zurück. Sie hatten als Erste die Erde umsegelt. Damit war bewiesen: Die Erde ist rund. Diesen Beweis braucht Cosmo nicht mehr. Er hat die Kugel aus dem Weltraum ja deutlich gesehen.

Bis zu Magellans Weltumseglung dachten die Gelehrten, die Erde sei eine Scheibe.

Auf alten Seekarten sind die wildesten Seeungeheuer abgebildet. Die Seeleute haben unterwegs viel Gefährliches gesehen wie Eisberge oder Wale und andere Meerestiere. Zu Hause erzählten sie davon, übertrieben aber mächtig. So entstand die Vorstellung von den riesigen, gefährlichen Seeungeheuern.

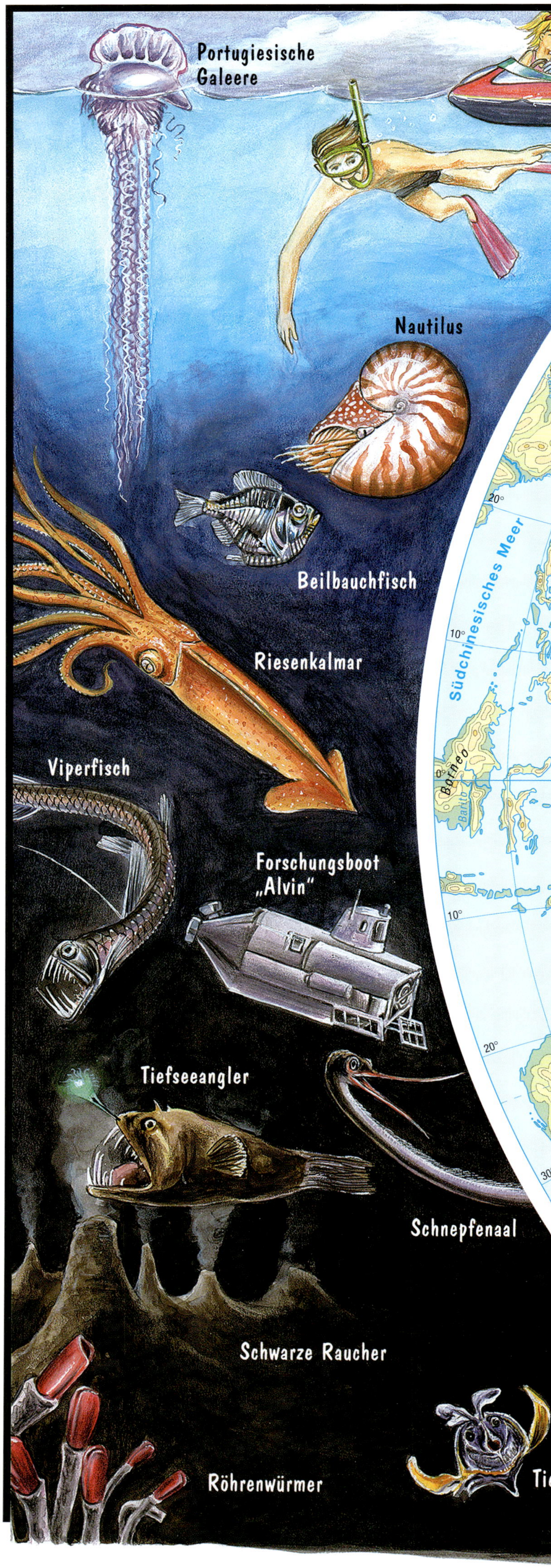
Portugiesische Galeere
Nautilus
Beilbauchfisch
Riesenkalmar
Viperfisch
Forschungsboot „Alvin"
Tiefseeangler
Schnepfenaal
Schwarze Raucher
Röhrenwürmer
Tiefseeschnecke

Asien
Lena
Aldan
Amur
Huang He
Jangtsekiang
Ochotskisches Meer
Sachalin
Kurilen
Beringmeer
Aleuten
Japanisches Meer
Honshu
Ostchinesisches Meer
Nansei-Inseln
Formosa
Südchinesisches Meer
Philippinen
Marianen
Wake
Marshall-Inseln
Midway-Inseln
Hawaii
Mikronesien
Karolinen
Gilbert-Inseln
Borneo
Melanesien
Bismarck-Archipel
Neuguinea
Salomonen
Ellice-Inseln
Phoenix-Inseln
Tokelau-Inseln
Samoa-Inseln
Fidschi-Inseln
Niue
Tonga-Inseln
Korallensee
Neue Hebriden
Neukaledonien
Australien
Darling
Tasmanien
Neuseeland
Chatham-Inseln
Rossme
Ant

Cosmo verwandelt sein Raumschiff in ein Schiff, mit dem sie auf dem Ozean fahren. An den Korallenküsten der Inseln schnorcheln sie. Wenn sie mit einem Tauchboot tief in den Ozean tauchen würden, würden sie vor allem leuchtende Tiefseefische, Würmer und Krebse sehen. Sarah sagt: »Man nennt den Pazifik auch Stiller Ozean.« Das ist ein seltsamer Name für das größte und tiefste Meer der Erde, in dem man leicht alle Kontinente unterbringen könnte. Den Namen bekam das Meer von dem Erdumsegler Magellan. Er überquerte den Ozean als erster Europäer. Als er ihn sah, lag er ruhig und still da. Deswegen nannte er ihn: Der Stille Ozean. Magellan kannte die riesigen Wellen noch nicht, die durch Stürme und Seebeben im Stillen Ozean entstehen.

In diesem Ozean liegt die tiefste Stelle der Erde, das 11 034 m tiefe Witjastief im Marianengraben. Heute kommt man mit Tauchbooten bis in die tiefste Tiefe. Trotzdem ist die Tiefsee nicht erforscht. Besonders interessant sind die schwarzen Raucher. Das sind Vulkanschlote auf dem Tiefseeboden, aus denen Rauch und heißes Wasser aufsteigen. Um sie hat sich Leben entwickelt, das seine Energie aus dem Erdinnern bekommt.

Im Pazifik gibt es viele Inseln. Bekannt sind die Fidschi-Inseln, Tonga und Hawaii. Fast alle entstanden durch Vulkanausbrüche. Spannend für die Forschung sind die Galápagos-Inseln, 1000 Kilometer vor Südamerika. Viele Pflanzen und Tiere, die hier leben, gibt es nirgendwo anders. Darwin erforschte 1835 die Tiere dieser Inseln. Dabei entwickelte er die Theorie, dass nur die Lebewesen überleben, die sich durch die Weiterentwicklung ihrer Art am besten ihrer Umwelt anpassen. Er entdeckte dort also die Entwicklungsgeschichte der Tierwelt.

Florian zeigt Cosmo im Atlas den 180. Längengrad im Pazifik und sagt: »Das ist die Datumsgrenze. Überquert man die von Osten nach Westen, ist man einen Tag älter. Fährt man zurück, ist man einen Tag jünger. Man kann also an einem Tag zweimal Geburtstag feiern.« Die Datumsgrenze gibt es, weil man die Erde in 24 Zeitzonen einteilt, die sich um je eine Stunde unterscheiden.

Die Tierwelt der Galápagos-Inseln

➲ Australien ist der kleinste Kontinent der Erde.

Wegen des wenigen Regens sind zwei Drittel Australiens Wüsten und Steppen. Die meisten Menschen leben in den Städten an der Küste, wo es nicht so heiß ist. Bis ins 18. Jahrhundert gab es in Australien nur die Ureinwohner, die Aborigines. Dann kamen die ersten Europäer. Es waren englische Gefangene, die man hierher verbannt hatte. Später kamen Einwanderer aus vielen Ländern.

Als Rohstoffe gibt es vor allem Kohle und Eisenerz. Die größte Stadt ist Sydney, die Hauptstadt Canberra. Der bekannteste Berg heißt Uluru. So nennen ihn die Aborigines. Er wird auch Ayers Rock genannt. Für die Ureinwohner ist dieser Berg heilig.

Südöstlich von Australien liegt Neuseeland. Das Land besteht aus zwei großen und einigen kleineren Inseln. Der Kiwi ist das Wappentier. Es ist ein großer Vogel, der nicht fliegen kann. Die Ureinwohner heißen Maori. Mitte des 19. Jahrhunderts kamen viele europäische Siedler nach Neuseeland.

➲ Cosmo, Sarah und Florian treffen Jessica und Paul.

Jessica ist ein Aborigine-Mädchen, Paul ein weißer Junge. Heute leben die meisten Aborigines in Städten oder Dörfern. Aber es gibt auch noch einige tausend dieser Ureinwohner, die wie früher als Jäger und Sammler durch das Land ziehen. Jessica erzählt: »Mein Stamm lebt in einem Dorf zweihundert Kilometer von hier. Dort gehe ich zur Schule. Wir sprechen englisch. Aber wir Aborigines haben auch eine eigene Sprache.«

➲ Zur Begrüßung hat Paul seine Sonnenschutzmütze abgenommen. Australische Kinder tragen wegen der gefährlich starken Sonnenstrahlung eine Kopfbedeckung.

Paul geht in der Stadt zur Schule.
Er erzählt von seinem Freund, der im Landesinnern lebt, also im Outback: »Die haben eine Schaffarm. Mein Freund bekommt durchs Radio Unterricht, weil die Schule weit entfernt liegt. Wenn einer krank wird, kommt der ›Fliegende Doktor‹ mit seinem Flugzeug.«

In Australien lebt das Schnabeltier.
Dieses wohl ungewöhnlichste Tier hat ein Fell, einen Entenschnabel und Schwimmhäute an den Füßen. Es ist eines der wenigen Säugetiere, die Eier legen.

Das Schnabeltier lebt übrigens nur in Australien. Weil der Erdteil weit entfernt von anderen Erdteilen liegt, haben sich viele Tier- und Pflanzenarten entwickelt, die es ausschließlich hier gibt. Dazu gehören die Beuteltiere, zu denen z. B. die Kängurus, die Koalas und der Beutelwolf gezählt werden. Auch viele Vogelarten leben nur hier, zum Beispiel der Emu. Außerdem gibt es über drei Viertel der Pflanzen, die in Australien wachsen, nur hier.

In den riesigen Weiten im Innern Australiens kommen Ärztin oder Arzt mit dem Flugzeug zu ihren Patienten. Man nennt sie »Flying Doctors«.

Maßstab 1 : 18 000 000
1 cm ≙ 180 km

0 200 400 600 800 1000 km

»Wir müssen uns warm anziehen, Cosmo«, sagt Florian. »Gleich sind wir in der Antarktis.« Dieser Kontinent ist von Ozeanen umgeben. In seinem Zentrum liegt der Südpol. Die Antarktis ist der lebensfeindlichste und unzugänglichste Kontinent. Er wird von einem im Durchschnitt 2 500 m dicken Eispanzer bedeckt, der an der dicksten Stelle 4 038 m misst. 4 000 Wissenschaftler leben hier, sonst niemand.

Glattwal

Albatros

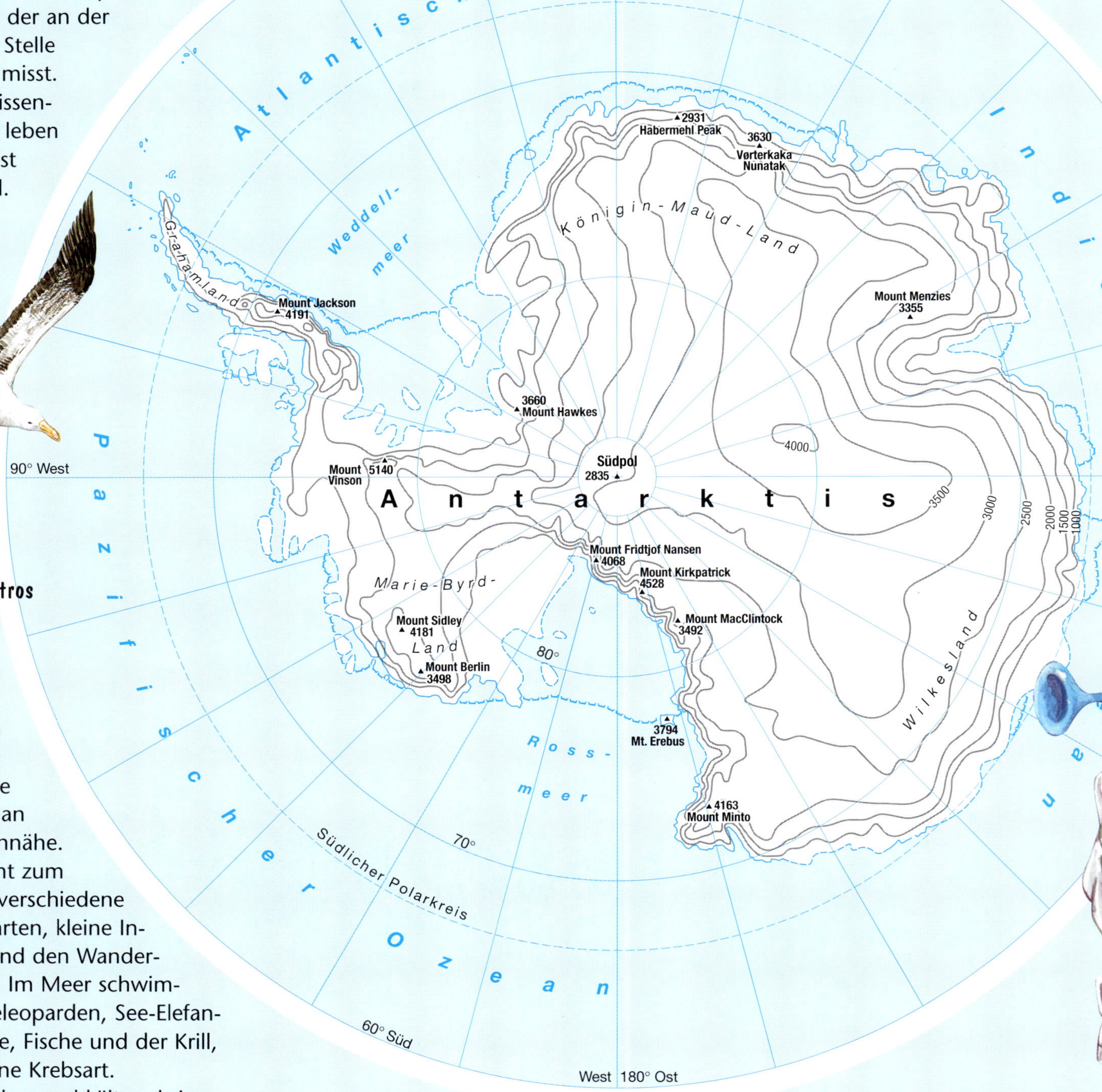

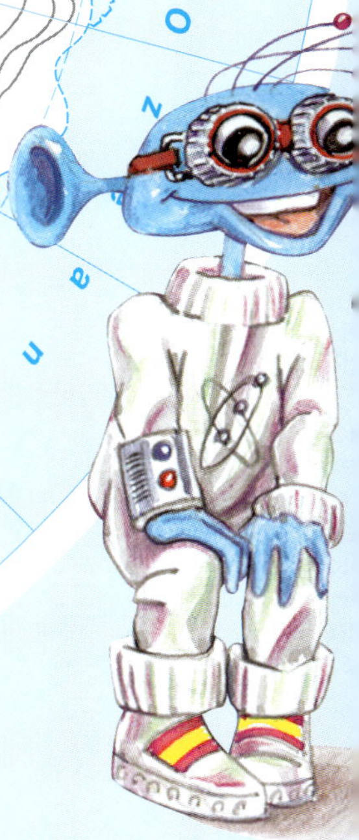

Die wenigen Pflanzen und Tiere findet man in Küstennähe. Man sieht zum Beispiel verschiedene Pinguinarten, kleine Insekten und den Wanderalbatros. Im Meer schwimmen Seeleoparden, See-Elefanten, Wale, Fische und der Krill, eine kleine Krebsart. Stürmischer und kälter als in der Antarktis ist es nirgends, Windgeschwindigkeiten von 300 km/h sind nicht selten. Im Osten der Antarktis wurden bei der Forschungsstation Wostock –88,3 Grad Celsius gemessen. Diesen Kontinent entdeckte man als letzten. Erst 1820 wurde er gesichtet und 1895 zum ersten Mal betreten.

1910 starteten zwei Expeditionen. Beide wollten den Südpol als erste erreichen. Die eine wurde von dem Norweger Amundsen geleitet, die andere vom Engländer Scott. Amundsen erreichte den Pol als Erster am 14. Dezember 1911 und hisste dort die norwegische Flagge. Scott und seine Männer legten die letzten 1300 km durch Schnee, Eis, furchtbare Kälte und Orkane zu Fuß zurück. Nach unvorstellbaren Strapazen erreichten sie den Pol am 17. Januar 1912. Auf dem Rückweg starben Scott und seine Begleiter.

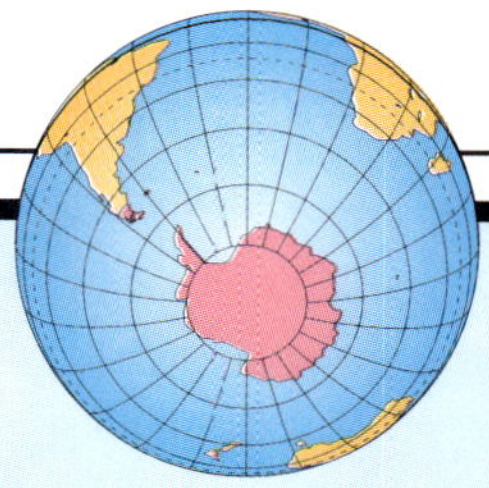

urch
eine
pezialbril-
sieht Cos-
o das Eis
er Antarktis
cht. Er hat also
en völligen Durch-
lick, denn er sieht
ie riesigen Landmas-
n, die sonst unter dem
s verborgen sind.

Während des Polartags geht die Sonne hier nie unter. In dieser Zeit arbeiten die Wissenschaftler ständig. Biologen untersuchen die Lebensverhältnisse der Tiere und Pflanzen. Geologen erforschen in der Antarktis den Aufbau der Erde und ihre Entwicklung. Man hat im Eis der Antarktis zum Beispiel einen Saurier gefunden. Außerdem suchen Geologen nach Bodenschätzen. Meteorologen untersuchen das Klima. Besonders wichtig ist die Erforschung der Ozonschicht in der Lufthülle der Erde. Das Gas Ozon schützt die Erde vor den gefährlichen Anteilen der Sonnenstrahlen. Die Wissenschaftler wollen herausfinden, was man dagegen tun kann, dass die Ozonschicht über der Antarktis immer dünner wird.

Maßstab 1 : 32 000 000
1 cm ≙ 320 km

Sommer in der Taiga: Ein LKW quält sich über die aufgetaute Piste. Er braucht Stunden für wenige Kilometer. Weil der Untergrund noch gefroren ist, kann Tauwasser nicht abfließen und durchweicht den Boden.

Vom Ural bis zum Pazifik bedeckt die Taiga große Flächen Sibiriens.
Sie besteht vor allem aus Nadelwäldern, in denen viele Sümpfe liegen. Die Bäume, die in der Taiga wachsen, haben sich dem Frostboden angepasst. Sie halten die extrem kalten Winter mit viel Schnee gut aus. Der fest gefrorene Boden der wenigen Straßen in der Taiga und Tundra taut im Sommer an der Oberfläche auf. Dadurch wird das Befahren der Pisten dann zu einer Schlammschlacht.

Im Süden der Taiga schließen sich Steppen und Wüsten an.
Dazu gehört eine der größten Wüsten der Erde, die Wüste Gobi. Anders als in vielen anderen Wüsten sind die Sommer dieser Sand- und Steinwüsten sehr heiß und die Winter sehr kalt. Im Südosten liegt auch das höchste Gebirge der Erde. Es ist der Himalaya. Übersetzt bedeutet das Schneewohnung. Dieses Gebirge ist 2 500 km lang. Zehn seiner Berge sind über 8 000 m hoch. Einer davon heißt Mount Everest. Er ist mit 8 846 m der höchste Berg der Erde.

Asien ist der Riese unter den Kontinenten.
Im Norden reicht er bis zum Polargebiet, im Süden zu den heißen Gebieten am Äquator. Im Westen grenzt Asien mit dem Uralgebirge und dem Uralfluss an Europa. Und im Osten reicht es bis zum Pazifik. Asien bedeckt ein Drittel der Landoberfläche der Erde. Obwohl große Teile fast unbewohnbar sind, ist es der bevölkerungsreichste Erdteil. Mehr als die Hälfte der Erdbevölkerung lebt hier, und zwar vor allem im Süden und im Osten. Allein China hat 1,3 Milliarden Einwohner und in Indien sind es auch schon über eine Milliarde. Also ist jeder dritte Mensch der Erde ein Chinese oder ein Inder.

Die Taiga besteht aus Sümpfen, Nadelwäldern und Seen.

Düne reiht sich an Düne in der Wüste Han Hai. Das heißt »Das trockene Meer«. Sie liegt im Tarim-Becken.

Die Menschen in den 48 Staaten Asiens sprechen viele unterschiedliche Sprachen und benutzen unterschiedliche Schriften.
Mit 5 526 km ist der Jangtsekiang in China der längste Fluss Asiens. Der größte See ist das Kaspische Meer, ein Salzwassersee.
Er ist 1 200 km lang und 300 km breit.

Südlich vom Polargebiet Asiens liegen Tundra und Taiga.
Ihr Boden ist in tieferen Schichten ständig gefroren. Die Pflanzen haben nur eine dünne Nährschicht. Deswegen wachsen in der Tundra vor allem Moose und Flechten. Typisch für die Tundra ist, dass es keinen Wald gibt. Über die Flächen fegt ein eisiger Wind.

1953 wurde der Mount Everest zum ersten Mal von Sir Edmund Hillary und seinem nepalesischen Bergführer Tensing Norgay bestiegen.

Maßstab 1 : 36 000 000
1 cm ≙ 360 km

0 400 800 1200 1600 2000 km

100°
110°
120°
130°
20°
10°
0°
A
B
C
D
1
2
3
Yibin
Xichang
5500
Zunyi
Guiyang
Anshun
Kunming
Xiaguan
Changsha
Xiangtan
Nanchang
Poyang-See
Zhuzhou
Hengyang
Shaoyang
Wenzhou
2120
Fuzhou
Mazu
Nanping
Wuyi Shan
Ganzhou
Amoy (Xiamen)
Zhangzhou
Chaoan
Quemoy
Shantou
Taipeh
Taizhong
Yu Shan 3951
Tainan
Gaoxiong (Kaohsiung)
Taiwan (Formosa)
Formosa-Straße
Bashi-Straße
Luzon-Straße
6585
6363
China
Shaoguan
Liuzhou
Wuzhou
Kanton (Guangzhou)
Hongkong (Xianggang)
Macao (Aomen)
Xinhui
Maoming
Zhanjiang
Nanning
Gejiu
Mengzi
Lao Cai
Lang Son
Hanoi
Haiphong
Beihai
Tonking
Xijiang
Yujiang
Schwarzer Fluss
Roter Fluss
Golf von Tonking
Haikou
1867
Hainan
Pratas
Dibrugarh
Dangori
Indien
Gauhati
Shillong
Imphal
Agartala
Chittagong
Palkaigebirge
Myitkyina
Bhamo
Tengchong
Lashio
Mogok
Chindwin
Irawadi
Mekong
Dali
Mandalay
Myingyan
3053
Arakangebirge
Akyab
Magway
Myanmar (Birma)
Pyinmana
Naypyidaw
Prome
Pegu
Bassein
Rangun (Yangon)
Moulmein
Kap Negrais
Saluen
Luang Prabang
Laos
2820
Vientiane
Chiang Mai
Lampang
Nongkhai
2286
Vinh
Phitsanulok
Khon Kaen
Savannakhet
Hue
Da Nang
Annam
Vietnam
2080
Thailand
Nakhon Ratchasima
Ubon Ratchatani
Pakse
2598
Ayutthaya
Tavoy
Bangkok
Battambang
Angkor
Tonle Sap
Kambodscha
Kratie
Qui Nhon
2287
Nha Trang
Dalat
Myeik
Andamanen (Indien)
Port Blair
Andamanisches Meer
Golf von Thailand
Phnom Penh
Kompong Som
Ho-Chi-Minh-Stadt (Saigon)
Long Xujen
Kap Ca Mau
Ranong
Nikobaren (Indien)
Phukhet
Halbinsel Malakka
Songkhla
Kota Baharu
Paracel-Inseln (China)
Südchinesisches Meer
Malaysia
Banda Aceh
George Town (Pinang)
Peureulak
3381
Leuser
Medan
Ipoh
Tahan 2190
Kuala Lumpur
Kuantan
Pematang-siantar
Toba-see
Simeulue
Sibolga
Nias
Malakka Str.
Johor Baharu
Singapur
Pakanbaru
Sumatra
Padang
Siberut
Mentawai-Inseln
3805
Kerinci
Telanaipura
Lingga-Inseln
Bangka
Pangkalpinang
Belitung
Palembang
Bengkulu
3159
Dempo
Tanjungkarang
Sunda-Straße
Bunguran-Inseln
Pontianak
Kuching
Sibu
Sarawak
Kapuas-Gebirge
2988
Borneo (Kalimantan)
Sintang
Kapuas
Ketapang
Palangkaraya
Barito
Banjarmasin
Amuntai
Samarinda
Balikpapan
Tarakan
Kota Kinabalu
4101
Kinabalu
Sandakan
Sabah
Bandar Seri Begawan
Brunei
Indonesien
Große Sunda-Inseln
Javasee
Jakarta
Merak
Bogor
Cirebon
Bandung
Semarang
Madura
Surakarta
Yogyakarta
Malang
3676
Semeru
Surabaya
Banyuwangi
Java
Bali
Lombok
3726
Sumbawa
Raba
Kangean-Inseln
Kleine Sunda-Inseln
Flores
2382
Waingapu
Sumba
Endeh
Alor
Wetar
Dili
2920
Osttimor
Timor
Soë
Sawu
Roti
Kupang
Timorsee
Wyndham
Makassar (Ujung Pandang)
Watampone
2871
Parepare
Rantekombola
3455
Palopo
Palu
Poso
Celebes (Sulawesi)
Malili
Kendari
Toili
Gorontalo
2443
Malino
Manado
Buru
Ambon
Molukken
Molukkensee
Bandasee
Ternate
Weda
Tobelo
1635
Celebessee
Talaud-Inseln
5842
Sulu-Inseln
Jolo
Sulusee
Zamboanga
Basilan
2954 Apo
General Santos
Davao
Mindanao
Jligan
Butuan
Surigao
9540
Palawan
Negros
Panay
Jloilo
Bacolod
Cebu
Leyte
10540
Galathea-Tief
Samar
Calbayog
Legaspi
Mindoro
2505
Manila
Quezon City
Philippinen
Luzon
San Fernando
Tarlac
Pulog 2928
Aparri
Paradiesvogel
Flugdrache
Orang-Utan
Tiger
Kobra
Mungo
Komodo-Waran

Im tropischen Meer liegen die südostasiatischen Inseln.

Die vielen Inseln gehören zu vier Staaten: Malaysia, Indonesien, Philippinen und Brunei. Fast jede dieser Inseln hat andere Lebens- und Umweltbedingungen. Deswegen konnte sich eine artenreiche Pflanzen- und Tierwelt entwickeln. Aber viele Tierarten sind vom Aussterben bedroht. Dazu gehören der Sumatra-Tiger und der Orang-Utan, der in den Wäldern Sumatras und Borneos lebt. Auf den Kleinen Sunda-Inseln leben Riesenwarane, die drei Meter lang werden. Sie sehen aus wie kleine Drachen.

Ein Schattenspiel.
Die Puppen heißen Wayang Kulit, Schatten aus Leder.

Auf Java sind Cosmo, Sarah und Florian zu einer Hochzeit eingeladen.

Rabinas Schwester heiratet. Bei diesem Fest wird ein Schattenspiel vorgeführt. Der Puppenspieler spielt hinter einer Leinwand. Mit seinen Händen dirigiert er die Stäbe der flachen, farbigen Puppen und deren Arme. Dazu spricht und erzählt er. Nach vorne strahlendes Licht wirft die Schatten der Puppen auf die Leinwand. Die Erwachsenen und Kinder sehen die Schatten auf der anderen Leinwandseite. Solche Schattenspiele werden schon seit über 1000 Jahren vorgeführt. Rabina erzählt: »Indonesische Puppenspieler spielen das längste Theaterstück, das es gibt. Es hat mehr als 100 000 Verse und es dauert über neun Stunden. Natürlich kann der Puppenspieler die Verse auswendig.«

Ein Treffen zweier Orang-Laut-Familien zwischen den ostasiatischen Inseln.

Rabinas Mutter erzählt von den Seenomaden, den Orang-Laut.

Das sind tausende von Familien, die nur in ihren Booten zu Hause sind. Jeder Zentimeter an Deck wird genutzt, denn diese Seenomaden-Familien leben auf engstem Raum. Sie segeln zwischen Indonesien und den Philippinen, zwischen Malaysia und den Molukken. Dabei fangen sie Fische, die sie unterwegs gegen Dinge tauschen, die sie brauchen, zum Beispiel Reis oder Spielzeug. Die Nomaden sind seit mindestens 500 Jahren so unterwegs. Sie erzählen, dass damals eine Mannschaft mit Booten aufbrach, um eine verschwundene Prinzessin zu suchen. Nach langer Zeit fanden sie die Prinzessin schließlich als Frau eines Prinzen. Die Mannschaft aber kehrte nie wieder nach Hause zurück.
Die Nachkommen dieser Menschen sind die Orang-Laut.

Die Korallenriffe im Meer sind der Spielplatz der Orang-Laut-Kinder.

Maßstab 1 : 18 000 000
1 cm ≙ 180 km
0 200 400 600 800 1000 km

Nach China ist Indien das Land mit der größten Bevölkerung.
Über eine Milliarde Menschen lebt hier. Viele wohnen in den lebhaften und übervölkerten Millionenstädten wie Kalkutta oder Bombay. Im Landesinneren gibt es heiße, staubige Ebenen. Im Norden liegen Gebirge, zum Beispiel der Himalaya. Mehr als 200 Sprachen werden in Indien gesprochen. Westlich von Indien liegt Pakistan. Die größte Stadt ist Karachi. Die wichtigsten Nachbarn Indiens sind außer Pakistan Bangladesh und im Süden der Inselstaat Sri Lanka.

In der Stadt Cochin hat der Monsunregen Straßen überflutet.

Kinder knüpfen Teppiche, nähen Fußbälle und leisten viele andere Arbeiten.

Als Cosmo und die Kinder Indien besuchen, hat es lange nicht geregnet.
Wie so oft in Indien, war es heiß und trocken. Der Boden ist ausgedörrt. Endlich kommt dann der Monsunwind. Dieser Südwestmonsun bringt feuchte Luft vom Meer mit. Nun erlebt man jeden Tag mächtige Gewitter mit starkem Regen. Vor allem in Bangladesh kommt es dann häufig zu Überschwemmungen. Das ist gut für den Reis, denn der braucht viel Wasser für das Wachstum. Fällt zu wenig Regen, bleibt der Boden trocken und unfruchtbar. Am meisten regnet es da, wo die Monsunwolken auf Gebirge stoßen. Cherrapunji in Indien hält den Niederschlagsrekord der Erde. Der Ort liegt 1318 m hoch im Khasigebirge. An manchen Tagen fällt hier mehr Regen als in Mitteleuropa im ganzen Jahr. In einem Jahr fielen einmal 25 900 Liter pro Quadratmeter. In Deutschland fallen durchschnittlich 837 Liter je Quadratmeter im Jahr.

Junge Inderinnen und Inder wollen in der Computerindustrie arbeiten.

In einem Dorf treffen Cosmo, Sarah und Florian Ravi.
Sie möchten, dass er ihnen etwas von seiner Heimat zeigt. Aber der Neunjährige sagt: »Das geht nicht. Ich muss arbeiten.« Viele Kinder in Indien arbeiten wie Ravi als Teppichknüpfer. Er arbeitet zehn bis zwölf Stunden am Tag und bekommt dafür etwa einen Euro. Die handgeknüpften Teppiche werden in aller Welt teuer verkauft.
Ravis Freund näht Fußbälle zusammen. Auch das ist hier eine typische Kinderarbeit. In diesem Land leben Millionen armer Familien, die auf das Geld angewiesen sind, das ihre Kinder verdienen. Viele Kinder können wegen ihrer Arbeit nicht zur Schule gehen. Und sie müssen auch gefährliche und gesundheitsschädliche Arbeit annehmen.

Die meisten Inder leben in Dörfern von der Landwirtschaft. Aber Indien hat auch eine hoch entwickelte Industrie. Hier werden Raketen, Flugzeuge, Autos und Computer gebaut. Indien schießt Satelliten ins Weltall. Und in keinem anderen Land produziert man mehr Kinofilme.

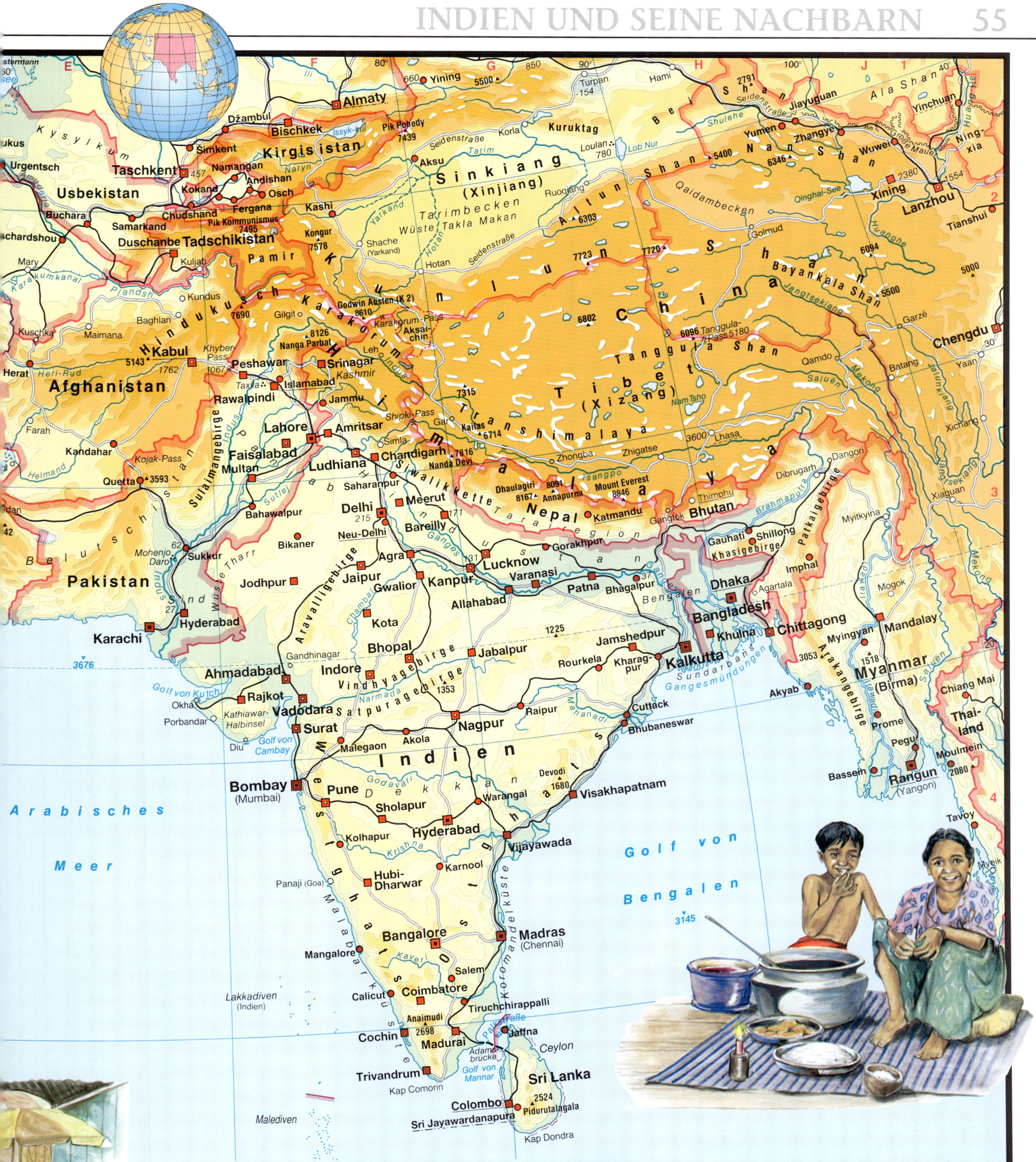

Die Kinder und Cosmo sind zum Essen eingeladen. Zuerst waschen sich alle die Hände. Gegessen wird mit der rechten Hand, die linke gehört unter den Tisch. Auf ein Bananenblatt häuft man Reis, Gemüse, Currysoße und Joghurt. Das wird gemischt. Dann nimmt man ein Bällchen nach dem anderen in den Mund.

»Schmeckt gut«, sagt Florian. Abwasch entsteht nicht, denn das Bananenblatt landet im Müll. Viele Inder essen kein Fleisch. Für die Hindus sind Kühe heilig, also gibt es kein Rindfleisch. Und Inder mit muslimischem Glauben essen kein Schweinefleisch.

Maßstab 1 : 18 000 000
1 cm ≙ 180 km

0 200 400 600 800 1000 km

Jerusalem, die Hauptstadt Israels, ist die Heilige Stadt der Juden, Christen und Muslime.
Zachi, ein Junge, führt Cosmo, Sarah und Florian zur Klagemauer. Sie ist ein Rest des uralten Tempels der Juden. Von hier aus geht Zachi mit ihnen das kurze Stück zum Felsendom, der heiligsten Stätte der Muslime. Nicht weit davon liegt die Grabeskirche. Zachi sagt: »Sie soll über der Stelle erbaut worden sein, an der Christus beerdigt wurde.« Danach erzählt er: »In der Nähe von Jerusalem liegt Bethlehem, wo Jesus geboren wurde.« Zur Erinnerung an seine Geburt feiern die Christen Weihnachten. Florian erzählt Cosmo: »Für mich ist es das schönste Fest im ganzen Jahr.«

Cosmo staunt: So stellen sich also Wissenschaftler den Turm von Babylon vor, der schon lange nicht mehr steht.

Jerusalem mit dem Felsendom

Hagia Sophia

Wasser war in diesen trockenen Gebieten immer knapp und äußerst wichtig.
Reichlich davon gab es im Niltal und im Zweistromland zwischen Euphrat und Tigris. Die Menschen lebten auf engem Raum und wollten das Wasser nutzen. Alles musste gut organisiert sein. Deswegen entstanden im Zweistromland schon vor 5 000 Jahren Städte und frühe Hochkulturen. Hier liegen die heute verfallenen Städte Babylon, Uruk und Ur. Der Turm von Babylon ist als Turm zu Babel aus der Bibel bekannt. Da heißt es, die Menschen wollten ihn aus Hochmut bis in den Himmel bauen. Gott verhinderte das, denn er verwirrte die Sprache der Erbauer. Dann zerstreute er sie in verschiedene Länder, in denen von da an verschiedene Sprachen benutzt wurden.
In den Hochkulturen zwischen Euphrat und Tigris wurden zum Beispiel das Rad, der Pflug und der Wagen erfunden. Schon vor 5 000 Jahren entwickelten sich hier Wissenschaften wie die Mathematik und die Sternenkunde. Etwa zur gleichen Zeit wie im alten Ägypten entstand im Zweistromland die Schrift. »Unsere« arabischen Ziffern für die Zahlen Eins bis Neun und Null wurden ab dem 15. Jahrhundert in Westeuropa allgemein benutzt.

Über das Mittelmeer gelangen sie in die Türkei und erreichen die Großstadt Istanbul.
Unter sich sehen sie einen schmalen Meeresstreifen, den Bosporus. Er trennt den europäischen Teil der Stadt vom asiatischen. In Istanbul besuchen sie die Hagia Sophia. Früher, als die Stadt noch Konstantinopel hieß, war die Hagia Sophia eine berühmte Kirche, in der Kaiser gekrönt wurden. 1453 eroberten Türken die Stadt. Sie machten die Kirche zu einer islamischen Moschee mit vier Minaretten. 1934 wurde das Gebäude zum Museum.

Cosmo hat Hunger: Er probiert Falaffel und Pide. Pide ist ein Teigfladen, der mit gebratenem Hackfleisch, Gemüse, Käse oder Salat belegt wird. Sarah sagt: »Er sieht aus wie eine Pizza.« Falaffel sind Bällchen aus Gemüse und Kichererbsen.

Maßstab 1 : 18 000 000
1 cm ≙ 180 km

0 200 400 600 800 1000 km

In Samarkand, einer Stadt in Usbekistan, treffen sie Kolja.

Von ihm erfahren sie, dass Scheherazade dem König von Samarkand hier ihre berühmten Märchen aus 1001 Nacht erzählte. Heute ist Samarkand eine moderne Großstadt mit schönen alten Moscheen und anderen religiösen islamischen Bauten. Koljas Mutter erzählt von der Seidenstraße, an der die Stadt liegt. »Diese Handelsstraße gibt es seit über 2 500 Jahren. Sie war die wichtigste Verbindung zwischen Asien und Europa und führte mit vielen Verzweigungen von Japan nach Europa.« Außer Seide wurden Porzellan und Papier nach Westen transportiert. In China gab es solche Dinge nämlich schon lange, bevor man sie in Europa kannte. Koljas Mutter sagt: »Eine Reise auf der Seidenstraße dauerte viele Monate.« Dazu meint Cosmo: »Wir schaffen das schneller.«

Florian hat von Saurierfunden in der Wüste Gobi gehört.

Sie treffen mongolische Nomaden, die wie früher in Jurten leben, also in kuppelartigen Zelten. Narangarav, ein Mädchen, zeigt ihnen, wo man in der Gobi Saurierskelette ausgräbt. Sie erzählt: »An einer Stelle waren es so viele, dass man den Ort ›Grab der Drachen‹ nannte.« Man zeigt ihnen auch ein versteinertes Saurierei. Davon hat man ganze Nester gefunden. Die lagen über 70 Millionen Jahre im Sand. Einige der Eier enthalten sogar Saurierembryos.

Die Nordroute der Seidenstraße führt die drei über das gewaltige Pamirgebirge.

Man nennt es »Dach der Welt«. Noch heute werden hier die Lasten von Yaks geschleppt. Westlich davon liegt das Tarimbecken, wo die Takla Makan beginnt. Das ist die größte Sandwüste der Erde, über die furchtbare Stürme toben. Kamele tragen die Lasten durch die Wüste. Die Reisenden sind froh, wenn sie eine der Oasenstädte erreichen, die es am Wüstenrand gibt. Hier ruhen die Karawanen aus.

So stellt man sich eine Sauriermutter vor, die ihre Eier bewacht.

Die heutige Millionenstadt Nagoya in Japan war der Endpunkt der Seidenstraße.
Florian staunt, dass die Kinder in Schuluniformen zur Schule gehen und wie streng und ordentlich es in den Schulen zugeht. Aus Japan kommen Kampfsportarten wie Judo und Karate. Am Schluss der Reise auf der Seidenstraße fahren die drei mit dem Hochgeschwindigkeitszug Shinkansen, der 300 km/h erreicht.

In China wurde schon früh die Raupe eines Schmetterlings gezüchtet.
Er heißt Seidenspinner. Die Raupe füttert man mit Maulbeerbaumblättern. Später verpuppt sie sich in einen weißen, weichen Kokon. Die Fäden des Kokons werden abgewickelt. Und aus ihnen stellt man noch heute die wertvolle Seide her, die auf der Seidenstraße nach Europa kam.

Peking ist die Hauptstadt Chinas.
Von oben sieht sie mit den langen und breiten Straßen wie ein Schachbrett aus. In der Altstadt sind die Gassen eng und die Häuser schlecht erhalten. Sarah, Cosmo und Florian verirren sich dort fast. Überall sind Radfahrer unterwegs, denn in China gibt es kaum Privatautos. Sogar Lasten werden auf den Ladeflächen der Fahrräder transportiert.

In China wird viel Spielzeug hergestellt, das man dann bei uns in Europa kaufen kann.

Die berühmte Chinesische Mauer schützte China vor Feinden aus dem Westen und Norden.
Hinter der Mauer war die Seidenstraße für die Reisenden sicher. Sie reicht vom Gelben Meer bis zu den Wüsten in Zentralasien. Mit 6 250 km ist sie das längste Bauwerk der Erde. Im 3. Jahrhundert vor Christus hat man mit ihrem Bau begonnen. 1 800 Jahre später wurde sie erneuert. Sarah, Florian und Cosmo gehen oben auf der breiten Mauer spazieren. Der Teil ist gepflastert und wurde früher als Straße von Händlern und Soldaten benutzt. An dieser Stelle ist die Mauer neun Meter hoch.

Die drei kommen zum »Platz des Himmlischen Friedens«. Er ist der größte Platz der Erde. Und sie besuchen die »Verbotene Stadt«. In dieser Palastanlage herrschten die Kaiser.

In China leben 1,3 Milliarden Menschen.

Jeder fünfte Mensch auf der Erde kommt also aus China. Die meisten Chinesen wohnen und arbeiten auf dem Land. Trotzdem gibt es mehr als 30 Millionenstädte. In Deutschland sind es nur drei. Weil die Bevölkerung ständig gewachsen ist, befürchtet man, dass die vielen Menschen nicht mehr versorgt werden können. Ein chinesischer Junge erzählt Cosmo, Sarah und Florian: »Da wir in China so viele Menschen sind, soll jede Familie nur noch ein Kind bekommen. Ich werde also nie einen Bruder oder eine Schwester haben, genau wie alle anderen.«
Sarah sagt: »Das heißt ja dann auch, dass es keinen Onkel, keine Tante, keine Cousine und keinen Cousin mehr gibt!«

Der Pandabär lebt in den Hochgebirgen Südwestchinas und Osttibets. Er ernährt sich von Bambussprossen.

Die meisten Chinesen leben in der Großen Ebene zwischen Peking, Shanghai und Zhengzhou.

Die Ebene wurde vom Huang He angeschwemmt. Nach dem Jangtsekiang ist er der zweitlängste Fluss Chinas. Auf dem fruchtbaren Boden wachsen vor allem Reis, Weizen und Gemüse. Der Huang He bringt aus den Lössbergen Massen von Sand und Löss mit. Das meiste davon lagert er in der Großen Ebene ab. Löss ist ein sehr weiches gelbliches Gestein. Es macht den Ackerboden fruchtbar. Weil der Löss das Wasser gelb färbt, heißt der Fluss Huang He, das heißt »Gelber Fluss«. Er fließt zwischen Deichen, die bis zwanzig Meter hochragen. Durch die vielen Hochwasser besteht die Gefahr, dass die Deiche brechen. Wenn das passiert, gibt es riesige Überschwemmungen. Deswegen arbeiten viele Menschen an der Erhaltung der Deiche.

Zur Energiegewinnung und zum Schutz vor Überschwemmungen wurde am Jangtsekiang das größte Wasserkraftwerk der Erde gebaut. Dazu brauchte man einen riesigen Stausee mit hohen Staumauern. Im Gebiet des Stausees lebten 1,9 Millionen Menschen in ihren Dörfern und Städten. Sie wurden alle umgesiedelt. Umweltschützer und Denkmalpfleger kritisieren diesen Drei-Schluchten-Stausee.

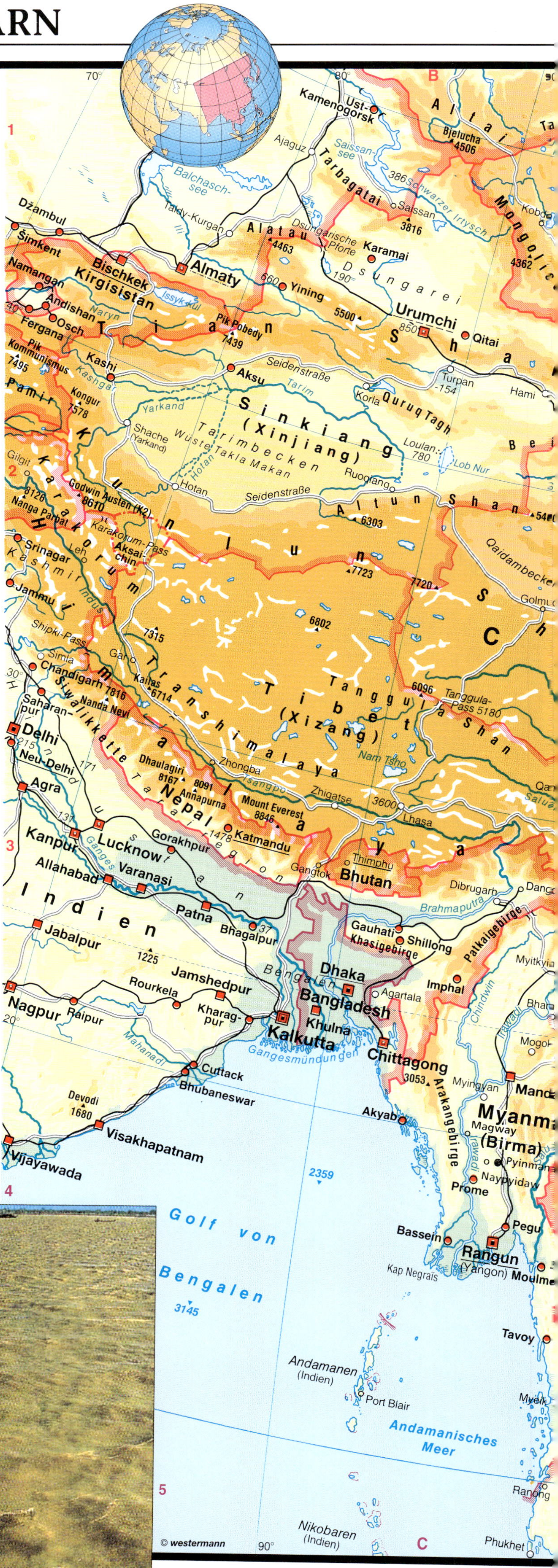

Japan besteht aus fast 4 000 Inseln.

Die meisten der 128 Millionen Japaner drängen sich in den Großstädten der vier Hauptinseln. Die Hauptstadt ist Tokio. Weil Platz fehlt, baute man künstliche Inseln, auf denen die Menschen wohnen und arbeiten. Japan ist führend in der Herstellung von elektronischen Geräten wie Kameras, Fernseher und Computer.

Maßstab 1 : 18 000 000
1 cm ≙ 180 km

0 200 400 600 800 1000 km

Norwegen
Schweden
Finnland
Barentssee
Spitzbergen
Franz-Josef-Land
Nowaja Semlja
Karasee
Ostsee
Bottnischer Meerbusen
Weißes Meer
Halbinsel Kola
Karelien
Estland
Lettland
Litauen
Weißrussland
Polen
Deutschland
Tschech. Rep.
Slowakei
Ukraine
Moldawien
Schwarzes Meer
Asowsches Meer
Kaspisches Meer
Aralsee
Kaspische Senke
Ural
Westsibirisches Tiefland
Kasachische Schwelle
Kasachstan
Usbekistan
Turkmenistan
Kirgisistan
Tadschikistan
Afghanistan
Iran
Armenien
Aserbaidschan
Georgien
Kaukasus
Elburs
Tian Shan
Altai
Dsungarei
Tarbagatai
Moskau
St. Petersburg
Kiew
Minsk
Warschau
Berlin
Kopenhagen
Stockholm
Helsinki
Oslo
Riga
Tallinn
Wilna
Budapest
Bukarest
Wien
Prag
Odessa
Rostow
Wolgograd
Astrachan
Samara
Saratow
Kasan
Nishnij Nowgorod
Perm
Jekaterinburg
Tscheljabinsk
Omsk
Nowosibirsk
Tomsk
Barnaul
Kemerowo
Nowokusnezk
Semey
Karaganda
Akmola
Pawlodar
Almaty
Bischkek
Taschkent
Duschanbe
Samarkand
Buchara
Aschchabad
Teheran
Täbris
Isfahan
Schiras
Meschhed
Baku
Tiflis
Jerewan
Trabzon
Samsun
Erzurum
Urumchi
Archangelsk
Murmansk
Workuta
Salechard
Surgut
Nishnewartowsk
Tjumen
Kurgan
Orenburg
Ufa
Orsk
Aktöbe
Atyrau
Aktau
Kysyl-Orda
Schymkent
Dshambul
Pik Pobedy 7439
Pik Kommunismus 7495

»Ist das eine große Karte«, staunt Cosmo. Sarah sagt: »Klar, die zeigt ja auch ein großes Gebiet. Es reicht von Moskau im Westen bis Tokio im Osten.«

Florian zeigt Cosmo das Uralgebirge und den Ural-Fluss im Westen und erklärt ihm: »Hier hört Europa auf und Asien beginnt.«
Auf dem größten Teil der Karte sehen sie das kalte und fast unbewohnte Sibirien. Allein das ist eineinhalb Mal so groß wie die USA. Die drei messen mit dem Maßstab die Strecke von Moskau bis Tokio und staunen, wie weit das ist. Das riesige Gebiet wollen sie sich mal genauer anschauen.

Maßstab 1 : 18 000 000
1 cm ≙ 180 km

0 200 400 600 800 1000 km

10,4 Millionen Menschen leben in Moskau.

Es ist die größte Stadt Russlands und die Hauptstadt. Auf einem Hügel über dem Fluss Moskwa steht der Kreml hinter seiner roten Backsteinmauer. Florian sagt: »Vom Kreml höre ich oft in den Nachrichten.« Den Kreml kennt man, denn von diesem prächtigen Palast aus wird Russland regiert. »Am besten fahrt ihr mit der Transsibirischen Eisenbahn durch Sibirien«, wird den Kindern empfohlen. Man nennt sie auch einfach Transsib. Und das ist nicht irgendeine Eisenbahn. Sie fährt von Moskau im Westen nach Wladiwostok am Pazifik im Osten. Mit 9 289 km ist sie die längste Eisenbahnstrecke der Erde. 1891 begann man mit ihrem Bau. Als sie fertig war, hatte man eine Verkehrsverbindung durch Sibirien.

Am Jaroslawer Bahnhof in Moskau steigen Florian, Sarah und Cosmo ein. Erst mal bekommen sie Chai, so nennt man hier den Tee. Nach 24 Stunden erreichen sie die Stadt Perm am Uralgebirge, das Europa von Asien trennt. Bald danach sind sie in Asien.

Die Erdölförderung in Sibirien erfolgt unter schwierigsten Bedingungen.

Bei Omsk führt eine Brück über den Fluss Irtysch.

Dascha erzählt, dass viele Flüss in Sibirien mehr als ein halbes Jahr zugefroren sind. »Gut zum Schlittschuhlaufen«, sagt sie. Daschas Vater arbeitet weiter im Norden in einem westsibir - schen

Die Bahn fährt durch die Taiga mit ihren Nadelwäldern.

In der Stadt Tjumen steigen ein Mann und seine Tochter Dascha ein. Als sie die Stadt Omsk erreichen, sagt Daschas Vater, dass von hier aus im Südwesten Baikonur liegt. Das gehört zu Kasachstan. Baikonur kennt man als Raumfahrtzentrum. Von hier startete 1957 der erste Satellit. 1961 flog Jurij Gagarin von Baikonur mit einer Rakete als erster Mensch ins Weltall. Cosmo findet Baikonur besonders interessant. Baikonur würde er gern besuchen. Aber schon fährt der Zug weiter.

Dascha sagt: »Kommt mit zum Baikalsee. Er ist wunderschön.«

In Irkutsk steigen sie aus und fahren zum See. Jetzt wissen sie, warum er das »blaue Auge Sibiriens« genannt wird. Er liegt strahlend blau, riesig groß und ganz klar vor ihnen. Daschas Vater erzählt: »Er ist der wasserreichste See der Erde und enthält ein Fünftel des Süßwassers unseres Planeten.

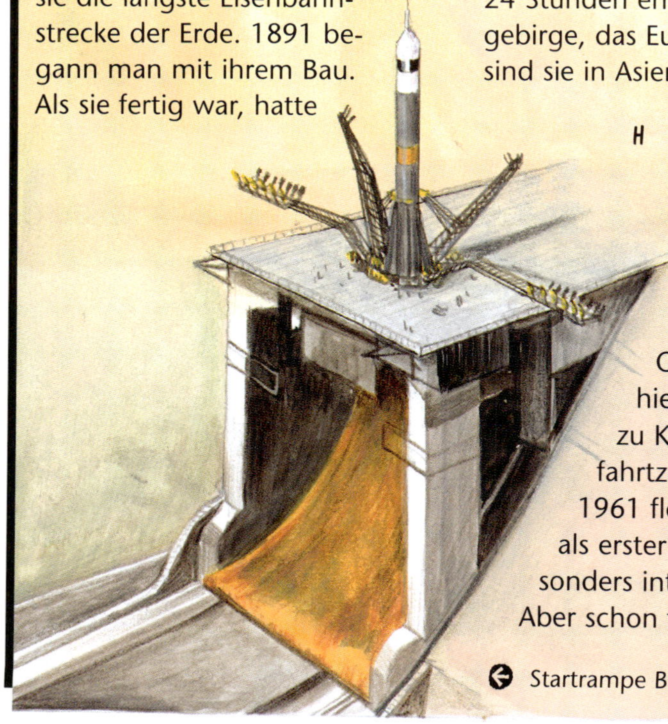

Startrampe Baikonur, Republik Kasachstan

Erdgasgebiet. Manchmal ist es dort so kalt, dass die Erdölanlagen vereisen. Der Mann erzählt, dass von der Transsib viele Züge in die sibirischen Rohstoffgebiete abzweigen. Seit die Strecke gebaut wurde, kann man die Bodenschätze aus Sibirien transportieren. Und davon gibt's viele. Außer Erdgas sind das Erdöl, Kohle, Diamanten und Gold.

Ein Mitreisender erzählt von der sibirischen Stadt, in der er lebt:
»Unsere Häuser stehen auf Stelzen, damit sie nicht einsinken, wenn der Boden mal auftaut. Gärten mit Blumen gibt es bei uns nicht. Die Sommer sind kurz und heiß, die Winter kalt und lang.« Er zeigt den Kindern und Cosmo ein Foto, auf dem ein Mann zwei dicke gefrorene Scheiben Milch unter den Armen nach Hause trägt.

Daschas Vater erzählt: »Am kältesten ist es bei den Jakuten im Osten Sibiriens. Die brauchen im Winter mehrere Schichten Fell- und Pelzkleidung. Ihre Vorräte hängen in Beuteln vor den Fenstern. So sind sie tiefgefroren.«
Sarah und Florian frieren schon beim Zuhören. Den Kälterekord des bewohnten Teils der Erde hält mit –77,8 Grad Celsius die Station Oimjakon im Nordosten Sibiriens. Im Sommer wird es bis +30 Grad warm. Die Menschen dort erleben Temperaturunterschiede von 100 Grad.

In Chabarowsk hören sie, dass hier in den Wäldern Amurtiger leben.
In den Wäldern der Taiga gibt es auch Bären und Wölfe. Auf den baumlosen Tundraebenen mit ihren Flechten und Moosen weiden Rentiere. Daschas Vater erzählt: »Im sibirischen Frostboden wurden ganze Mammuts gefunden. Und diese Tiere sind schon seit 10 000 Jahren ausgestorben.«

Außerdem ist er mit 1620 m der tiefste See der Erde. Rätselhaft bleibt, warum zwei Drittel seiner vielen Pflanzen- und Tierarten nur hier leben.« Leider wird auch der Baikalsee von Fabriken verseucht.

Die Transsib bringt Cosmo und die Kinder nach Wladiwostok am Pazifik. Hier ist die Transsibirische Eisenbahn am Ziel ihrer Reise.

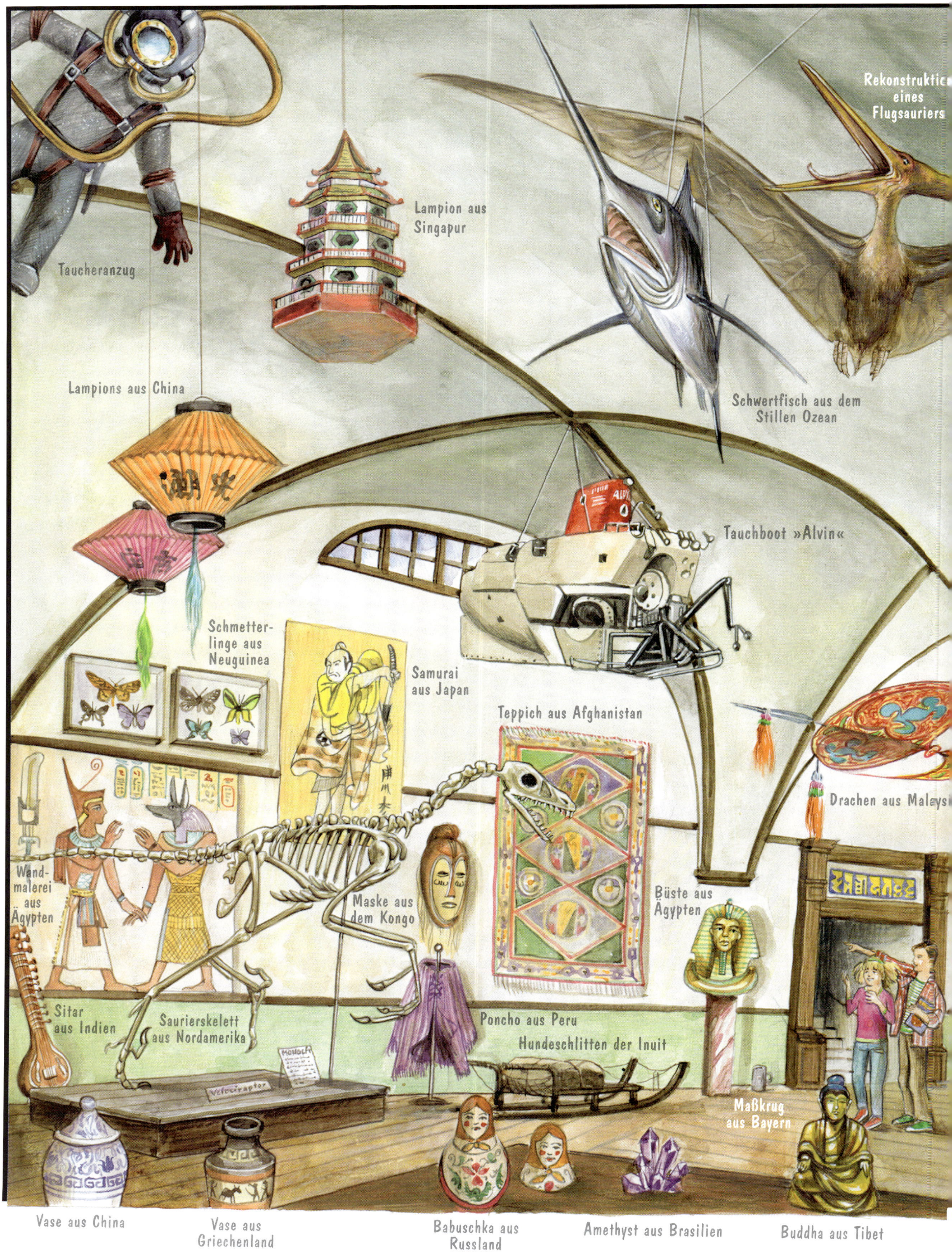
Rekonstruktion eines Flugsauriers
Taucheranzug
Lampion aus Singapur
Schwertfisch aus dem Stillen Ozean
Lampions aus China
Tauchboot »Alvin«
Schmetterlinge aus Neuguinea
Samurai aus Japan
Teppich aus Afghanistan
Drachen aus Malaysia
Wandmalerei aus Ägypten
Maske aus dem Kongo
Büste aus Ägypten
Sitar aus Indien
Saurierskelett aus Nordamerika
Poncho aus Peru
Hundeschlitten der Inuit
Velociraptor
Maßkrug aus Bayern
Vase aus China
Vase aus Griechenland
Babuschka aus Russland
Amethyst aus Brasilien
Buddha aus Tibet

Als sie wieder in Berlin zurück sind, ist die Weltreise zu Ende.

Florian guckt auf die Uhr und sagt: »Unsere Reise verging blitzschnell.«

»Klar«, freut sich Sarah, »wir sind mit dem Raumgleiter ja auch schneller als die Zeit geflogen. Deswegen wird niemand merken, dass wir überhaupt weg waren.«

Zum Abschluss schlägt Florian vor, zusammen ins Völkerkundemuseum zu gehen. Denn dort sind viele Dinge aus aller Welt ausgestellt, die sie nach ihrer Reise interessieren müssten. Im Museum findet Cosmo natürlich die Mondlandefähre besonders toll.

Er meint: »Technisch sind die Menschen ja schon ziemlich weit.« Einige Ausstellungsstücke kommen den Kindern und Cosmo durch ihre Reise sehr bekannt vor. Bei anderen müssen sie überlegen, woher sie stammen könnten.

Nach dem Museumsbesuch verabschiedet sich Cosmo und sagt: »Es war schön und interessant mit euch. Vielleicht sehen wir uns mal wieder.« Dann sagt er noch: »Wenn alle Menschen so gastfreundlich sind wie ihr und die Kinder, denen wir begegnet sind, kann man es hier gut aushalten.«

Sarah und Florian begleiten Cosmo zum Raumschiff. Nach dem Start winken sie ihm lange hinterher. Schließlich ist sein Raumschiff nur noch ein Punkt am Himmel. Da sagt Sarah: »Weißt du, Florian, ich glaube, wir haben jetzt einen außerirdischen Freund.«

Und Florian meint: »So einen Freund haben wahrscheinlich nur wir beide.«

A

Aare 18/19, B 2
Aba 24/25, D 4
Abadan 57, C 2
Abadla 24/25, C 1
Abajasee 24/25, G 4
Abakan 62/63, K 4
Abéché 24/25, E 3
Abidjan 24/25, C 4
Abu Dhabi 57, D 3
Abu Simbel 24/25, G 2
Abuja 24/25, D 4
Acapulco 34/35, C 5
Accra 24/25, C 4
Achensee 18/19, D 2
Aconcagua 38/39, B 6
Adamaoua 24/25, E 4
Adda 18/19, C 3
Addis Abeba 24/25, G 4
Adelaide 46/47, C 4
Aden 57, C 4
Admiralitäts-Inseln 52/53, F 4
Adriatisches Meer 14/15, F 3
Afghanistan 55, E 2
Afrika 23

Agadez 24/25, D 3
Agadir 24/25, C 1
Agartala 60/61, C 3
Agra 55, F 3
Agulhas Negras 38/39, E 5
Ägypten 24/25, F 2
Ahaggar 24/25, D 2
Ahmadabad 55, F
Ahwas 57, C 2
Air 24/25, D 3
Ajagus 62/63, H 5
Ajan 62/63, O 4
Akada 57, B 3
Akita 60/61, H 2
Akjoujt 24/25, B 3
Akmola 62/63, H 4
Akobo 24/25, G 4
Akola 55, F 3
Aksai-Chin 55, F 2
Aksu 60/61, B 1
Aksum 24/25, G 3
Aktau 62/63, F 5
Aktöbe 62/63, F 4
Akyab 60/61, C 3
Ala Shan 60/61, D 1
Alaska 32/33, D 3
Alassio 18/19, C 4
Alatau 60/61, A 1
Albanien 21, E 3
Albany (Australien) 46/47, A 4
Albany (Fluss) 34/35, E 1
Albany (USA) 34/35, F 2
Albuquerque 34/35, C 3
Albury 46/47, D 4
Aldabra 28/29, E 2
Aldan 62/63, N 4
Alert 30/31, 1
Alëuten 30/31, A 4
Alexander-Archipel 32/33, F 4
Alexandria 24/25, F 1
Alexandrowsk-Sachalinsk 62/63, P 4
Algerien 24/25, C 2
Algier 24/25, D 1
Alice Springs 46/47, C 3
Aliskerowo 62/63, R 3
Allahabad 55, G 3
Aller 17, D 2
Allgäu 17, D 5
Almaty 62/63, H 5
Alor 52/53, D 4
Alpe d'Huez 18/19, A 3
Alpen 14/15, E 3
Alphonse 28/29, F 2
Alsen 17, C 1
Altai 60/61, C 1
Altamira 38/39, D 3
Altiplano 38/39, C 4
Altmühl 17, D 4
Altun Shan 60/61, B 2
Am Timan 24/25, F 3
Amadeussee 46/47, C 3
Amazonas 38/39, D 3
Ambartschik 62/63, R 3
Ambon 52/53, D 4
Amderma 62/63, G 3
Amerika 30/31
Amga 62/63, O 3
Amgun 62/63, O 4
Amhara 24/25, G 3
Amiranten 28/29, F 2
Amman 57, B 2
Amoy 60/61, E 3
Amritsar 55, F 2
Amsterdam 21, D 2
Amuntai 52/53, C 4
Amur 60/61, F 1
Anabar 62/63, M 2
Anadyr 62/63, S 3
Anadyrgolf 62/63, T 3
Anaimudi 55, F 4
Anaisa 57, C 3
Anchorage 30/31, D 3
Ancona 18/19, E 4
Andamanen 52/53, A 2
Anden 38/39, B 3
Andong 60/61, F 1
Andorra 21, D 3
Andra Pradesh 28/29, D 4
Andros 34/35, F 4
Angara 62/63, K 4
Angarsk 62/63, L 4
Angkor 52/53, B 2
Angola 28/29, B 3
Anguilla 34/35, G 5
Ankara 57, B1/2
Annaba 24/25, D 1
Annam 52/53, B 2
Annapolis 34/35, F 3
Annapurna 60/61, B 3
Anqing 60/61, E 2
Anshan 60/61, F 1
Anshero-Sudshensk 62/63, J 4
Anshun 60/61, D 3
Antananarivo 28/29, E 3
Antarktis 48/49
Antigua und Barbuda 35/35, G 5
Antofagasta 38/39, B 5
Antsirabe 28/29, E 3
Anyang 60/61, E 2
Aomori 60/61, H 1
Aouk 24/25, F 4
Aparri 52/53, D 2
Apatity 62/63, D 3
Apenninen 18/19, C 3
Appalachen 34/35, E 3
Apuka 62/63, R 3
Apure 38/39, C 2
Äquatorial-Guinea 24/25, E 4
Aracaju 38/39, F 4
Araguaia 38/39, E 3
Arak 57, C 2
Arakangebirge 60/61,C 3
Aralsee 62/63, F 5
Aralsk 62/63, G 5
Ararat 46/47, D 4
Arauca 38/39, C 2
Aravalligebirge 55, F 3
Archangelsk 62/63, E 3
Arequipa 38/39, B 4
Argatala 55, H 3
Argentinien 38/39, C 6
Argun 60/61, E 1
Arkansas 34/35, D 3
Armenien 55, C 1
Armidale 46/47, D 4
Arnheim 17, A 2
Arnhemland 46/47, C 2
Arno 18/19, D 4
Aru-Inseln 52/53, E 4
Arua 28/29, D 1
Aruba 34/35, F 5
Arusha 28/29, D 2
Aruwimi 28/29, C 1
Asahigawa 60/61, H 1
Ascension 22/23, D 7
Aschchabad 62/63, F 6
Ascona 18/19, C 2
Aserbaidschan 62/63, E 5
Ashburton 46/47, A 3
Asien 51
Asir 57, C 3
Asmara 24/25, G 3
Assab 24/25, H 3
Assino 62/63, J 4
Assuan 24/25, G 2
Assur 57, C 2
Astrachan 62/63, E 5
Asunción 38/39, D 5
Asyut 24/25, F 2
Atacama 38/39, C 5
Atar 24/25, B 2
Atbara 24/25, G 3
Atbassar 62/63, G 4
Athabasca 30/31, G 4
Athabascasee 30/31, H 4
Athen 21, F 4
Äthiopien 24/25, G 4
Atlanta 34/35, E 3
Ätna 14/15, F 4
Atschinsk 62/63, K 4
Atyrau 62/63, F 5
Auckland 46/47, G 4
Audjila 24/25, F 2
Augsburg 17, D 4
Augusta 34/35, G 2
Auk 24/25, E 3
Auron 18/19, B 3
Ausangate 38/39, B 4
Aussig 17, F 3
Austin 34/35, D 3
Australien 46/47
Australische Alpen 46/47, D 4
Auyán-Tepui 38/39, C 2
Avignon 18/19, A 4
Awasa 24/25, G 4
Awash 24/25, H 3
Ayers Rock 46/47, C 3
Ayutthaya 52/53, B 2
Azoren 24/25, A 1

B

Bab el-Mandeb 24/25, H 3
Babol 57, D 2
Babylon 57, C 2
Bacolod 52/53, D 2
Bad Dürrheim 18/19, C 1
Bad Hall 18/19, F 1
Bad Hofgastein 18/19, E 2
Bad Ischl 18/19, E 2
Bad Kleinkirchheim 18/19, E 2
Bad Reichenhall 18/19, E 2
Bad Tölz 18/19, D 2
Bad Wörishofen 18/19, D 1
Baden 18/19, F 1
Badgastein 18/19, E 2
Baffin-Insel 30/31, K 2
Bagdad 57, C 2
Bagé 38/39, D 6
Baghlan 55, E 2
Bahamas 34/35, F 4
Bahawalpur 55, F 3
Bahia Blanca 38/39, C 6
Bahia Grande 38/39, C 8
Bahrain 24/25, J 2
Baicheng 60/61, F 1
Baidoa 24/25, H 4
Baikalgebirge 62/63, L 4
Baikalsee 62/63, L 4
Baikonur 62/63, G 5
Bajan-Chongor 60/61, D 1
Baku 62/63, E 5

Balchasch 62/63, H 5
Bali 52/53, C 4
Balikpapan 52/53, C 4
Balkan 14/15, G 3
Ballarat 46/47, D 4
Baltimore 34/35, F 3
Bamako 24/25, C 3
Bambari 24/25, F 4
Bamberg 17, D 4
Bamenda 24/25, D 4
Banana 28/29, B 2
Banda Aceh 52/53, A 3
Bandar Seri Begawan 52/53, C 3
Bander Abbas 57, D 3
Bandundu 28/29, B 2
Bandung 52/53, B 4
Bangalore 55, F 4
Bangassou 24/25, F 4
Bangfou 60/61, E 2
Bangka 52/53, B 4
Bangkok 52/53, B 2
Bangladesh 55, G 4
Bangui 24/25, E 4
Bangweulusee 28/29, C 3
Bani 24/25, O 3
Banjarmasin 52/53, C 4
Banjul 24/25, B 3
Banks-Insel 30/31, F 2
Banyuwangi 52/53, C 4
Baoji 60/61, D 2
Baotou 60/61, E 1
Barabinsk 62/63, H 4
Barbados 34/35, H 5
Barbuda 34/35, G 5
Barcaldine 46/47, D 3
Barcelona 14/15, E 3
Bardai 24/25, E 2
Bareilly 55, F 3
Barentssee 62/63, C 2
Bargusin 62/63, L 4
Baris 24/25, G 2
Barito 52/53, C 4
Barnaul 62/63, J 4
Barquisimeto 38/39, B 1
Barranquilla 38/39, B 1
Barreiras 38/39, E 4
Barrow 46/47, A 3
Barun-Urt 60/61, E 1
Basel 18/19, B 2
Basilan 52/53, D 3
Basra 57, C 2
Basse-Terre 34/35, G 5
Bassein 60/61, C 4
Bata 24/25, D 4
Batang 60/61, C 2
Bathurst 46/47, D 4
Baton Rouge 34/35, D 3
Battambang 52/53, B 2
Bauchi 24/25, D 3
Bauru 38/39, D 5
Bayankala Shan 60/61, C 2
Bayerischer Wald 17, E 4
Béchar 24/25, C 1
Bei Shan 60/61, C 1
Beihai 52/53, B 1
Beira 28/29, D 3
Bejaia 24/25, D 1
Belcher-Inseln 32/33, L 4
Belém 38/39, E 3
Belet Uen 24/25, H 4
Belgien 21, D 2
Belgrad 21, F 3
Belitung 52/53, B 4
Belize 34/35, E 5
Belmopan 34/35, E 5
Belo Horizonte 38/39, E 4
Belutschistan 55, E 2
Benadir 24/25, H 4
Bendigo 46/47, D 4
Bengalen 55, G 3
Bengasi 24/25, F 1
Bengbu 60/61, E 2
Bengkulu 52/53, B 4
Benguela 28/29, B 3
Beni Suef 24/25, G 2
Benin 24/25, D 3
Benin City 24/25, D 4
Benue 24/25, D 4
Benxi 60/61, F 1
Berbera 24/25, H 3
Berberati 24/25, E 4
Berchtesgaden 18/19, E 2
Beresniki 62/63, F 4
Bergamo 18/19, C 3
Bergen 14/15, E 1
Bergland von Guayana
30/31, M 9
Beringowskij 62/63, S 3
Berlin 17, E 2
Bermejo 38/39, C 5
Bermuda-Inseln 34/35, G 3
Bern 21, D 3
Besançon 18/19, B 2
Bethel 32/33, C 3
Betische Kordillere 14/15, D 4
Betpak-Dala 98/99, G 5
Betsiboka 28/29, E 3
Bhagalpur 55, G 3
Bhopal 55, F 3
Bhubaneswar 55, G 4
Bhutan 55, G 3
Biak 52/53, E 4
Bielefeld 17, C 2
Bijsk 62/63, J 4
Bikaner 55, F 3
Billings 34/35, C 2
Bilma 24/25, E 3
Bioko 24/25, D 4
Bir Moghrein 24/25, B 2
Birao 24/25, F 3
Birdjan 57, D 2
Birdum 46/47, C 2
Birmingham (USA) 34/35, E 3
Birobidshan 62/63, O 5
Bischkek 62/63, H 5
Bisha 57, C 3
Bismarck 34/35, C 2
Bismarck-Archipel 52/53, F 4
Bissagos-Inseln 24/25, B 3
Bissau 24/25, B 3
Bitterrootkette 34/35, B 2
Bjelaja 62/63, F 4
Bjelgorod 62/63, D 4
Bjelucha 62/63, J 5
Black Hills 34/35, C 2
Blantyre 28/29, D 3

Blapoweschtschensk 62/63, N 4
Blaue Berge 46/47, D 4
Blauer Nil 24/25, G 3
Bloemfontein 28/29, C 4
Blumenau 38/39, D 5
Bo 24/25, B 4
Boa Vista 38/39, C 2
Bobo Dioulasso 24/25, C 3
Bodaibo 62/63, M 4
Bodensee 17, C 5
Boende 28/29, C 2
Bogor 52/53, B 4
Bogotá 38/39, B 2
Böhmerwald 17, E 4
Boise 34/35, B 2
Bolivien 38/39, C 4

Bologna 18/19, D 3
Bolschewik-Insel 62/63, L 2
Bombay (Mumbai) 55, F 4
Bomu 28/29, C 1
Bonaire 34/35, G 5
Bonn 17, B 3
Bordeaux 14/15, D 3
Borneo 52/53, C 3
Bornholm 17, F 1
Borsja 62/63, M 4
Bosnien und Herzegowina 21, E 3
Bosporus 14/15, G 3
Bossangoa 24/25, E 4
Boston 34/35, F 2
Botswana 28/29, C 4
Bouaké 24/25, C 4
Bouar 24/25, E 4
Boué 28/29, B 1
Bourke 46/47, D 4
Bozen 18/19, D 2
Brahmaputra 55, H 3
Branco 38/39, C 2
Brandberg 28/29, B 4
Brasília 38/39, E 4
Brasilianisches Bergland 30/31, N 11
Brasilien 38/39, D 3
Bratislava 21, E 3
Bratsk 62/63, K 4
Braunschweig 17, C 2
Brazzaville 28/29, B 2
Bremen 17, C 2
Bremerhaven 17, C 2
Brescia 18/19, D 3
Brisbane 46/47, E 3
Britische Inseln 14/15, C 2
Brixen 18/19, D 2
Brocken 17, D 3
Broken Hill 46/47, D 4
Brookskette 30/31, B 2
Broome 46/47, B 2
Brunei 52/53, C 3
Brüssel 21, D 2
Bucaramanga 38/39, B 2
Budapest 21, E 3
Budweis 17, F 4
Buenaventura 38/39, B 2
Buenos Aires 38/39, C 6
Buffalo 34/35, F 2
Bujumbura 28/29, C 2
Bukama 28/29, C 2
Bukarest 21, F 3
Bukavu 28/29, C 2
Bulawayo 28/29, C 4
Bulgarien 21, F 3
Bulun 62/63, N 2
Bumba 28/29, C 1
Bunbury 46/47, A 4
Bundaberg 46/47, E 3
Bunguran-Inseln 52/53, B 3
Buraida 57, C 3
Burem 24/25, C 3
Burkina Faso 24/25, C 3
Burnia 24/25, F 4
Buru 52/53, D 4
Burundi 24/25, F 5
Buschir 57, D 3
Butte 34/35, B 2
Butuan 52/53, D 3
Bylot-Insel 32/33, M 2
Byrrangebirge 62/63, K 2

C

Cabinda 28/29, B 2
Cabora Bassa 28/29, D 3
Caicos-Inseln 34/35, F 4
Cairns 46/47, D 2
Cajamarca 38/39, B 3
Calbayog 52/53, D 2
Calgary 34/35, B 1
Cali 38/39, B 2
Calicut 55, F 4
Callao 38/39, B 4
Calvinia 28/29, B 5
Camagüey 34/35, F 4
Campeche 34/35, D 5
Campina Grande 38/39, F 3
Campinas 38/39, E 5
Campo Grande 38/39, D 5
Campos 38/39, E 5
Canberra 46/47, D 4
Caniapiscau 32/33, N 4
Caorle 18/19, E 3
Cape Dorset 32/33, M 3
Caquetá 38/39, B 3
Caracas 38/39, C 2
Carnarvon 46/47, A 3
Carpentariagolf 46/47, C 2
Carson City 34/35, B 3
Cartagena 38/39, B 1
Caruaru 38/39, F 3
Casablanca 24/25, C 1
Casiquiare 38/39, C 2
Cauca 38/39, B 2
Caxias do Sul 38/39, D 5
Cayenne 38/39, D 2
Cayman-Inseln 34/35, E 5
Cebu 52/53, D 2
Ceduna 46/47, C 4
Celébes 52/53, C 4
Cerro de Pasco 38/39, B 4

Ceuta 24/25, C 1
Ceylon 55, G 5
Chabarowsk 62/63, O 5
Chalmer-Ju 62/63, G 3
Chalon-sur-Saône 18/19, A 2
Chambal 55, F 3
Chamonix 18/19, B 3
Chan Chan 38/39, A 3
Chandigarh 55, F 2
Changaigebirge 60/61, C 1
Changchun 60/61, F 1
Changde 60/61, E 3
Changsha 60/61, E 3
Chanjiang 60/61, E 3
Chanty-Mansijsk 62/63,G 3
Chaoan 52/53, C 1
Char Choto 60/61, D 1
Charkiw 62/63, D 4
Charleston (Süd-Carolina) 34/35, F 3
Charleston (West-Virginia) 34/35, E 3
Charleville 46/47, D 3
Charlotte 34/35, E 3
Charlottetown 34/35, G 2
Charters Towers 46/47, D 3
Chaumont 18/19, A 1
Cheju 60/61, F 2
Chemnitz 17, E 3
Chengdu 60/61, D 2
Cheongjin 60/61, F 1
Cheta 62/63, K 2
Chetumal 34/35, D 5
Cheyenne 34/35, C 2
Chiang Mai 52/53, A 2
Chianje 28/29, B 3
Chichén Itzá 34/35, E 4
Chiclayo 38/39, A 3
Chiemsee 17, E 5
Chifeng 60/61, E 1
Chihuahua 34/35, C 4
Chile 38/39, B 6
Chillán 38/39, B 6
Chiloé 38/39, B 7
Chilok 62/63, L 4
Chilwasee 28/29, D 3
Chimborazo 38/39, B 3
Chimbote 38/39, A 3
China 60/61, C 2
Chindwin 60/61, C 3
Chingola 28/29, C 3
Chipata 28/29, D 3
Chirripó 34/35, E 6
Chittagong 55, H 3
Cholmsk 62/63, P 5
Chongjin 60/61, F 1
Christchurch 46/47, G 5
Chubut 38/39, C 7
Chungking 60/61, D 3
Churchill 32/33, K 4
Cincinnati 34/35, E 3
Cirebon 52/53, B 4
Ciudad Bolívar 38/39, C 2
Ciudad Guayana 38/39, C 2
Ciudad Juárez 34/35,C 3
Cloncurry 46/47, C 3
Cloppenburg 17, C 2
Coatzacoalcos 34/35, D 5
Cochin 55, F 5
Cochrane 34/35, E 2
Coco 28/29, F 3
Coimbatore 55, F 4
Colombo 57, F 5
Colón 38/39, F 6
Colorado (Fluss, Arg.) 38/39, C 6
Colorado (Fluss, USA) 34/35, C 3
Columbia (Fluss) 32/33, A 2
Columbia 34/35, E 3
Columbus (Georgia) 34/35, E 3
Columbus (Ohio) 34/35, E 3
Comer See 18/19, C 2
Como 18/19, C 3
Comodoro Rivadavia 38/39, C 7
Conakry 24/25, B 4
Concepción (Chile) 38/39, B 6
Concepción (Paraguay) 38/39, D 5
Concord 34/35, F 2
Concordia 38/39, D 6
Connecticut 114/115, J 4
Constantine 24/25, D 1
Cooktown 46/47, D 2
Coolgardie 46/47, A 4
Copiapó 38/39, B 5
Copper Creek 46/47, C 3
Coppermine 32/33, H 3
Cordoba 38/39, C 6
Coropuna 38/39, B 4
Corpus Christi 34/35,D 4
Corrientes 38/39, D 5
Cortina d'Ampezzo 18/19, E 2
Corumbá 38/39, D 4
Cosmoledo 28/29, E 2
Costa Rica 34/35, E 5
Côte d'Ivoire 24/25, C 4
Cotonou 24/25, D 4
Cotopaxi 38/39, B 3
Cottbus 17, F 3
Cuenca 38/39, B 3
Cuiabá 38/39, D 4
Cumaná 38/39, C 1
Cunnamulla 46/47, D 3
Curaçao 34/35, G 5
Curitiba 38/39, D 5
Cuxhaven 17, C 2
Cuzco 38/39, B 4

D

Da Nang 52/53, B 2
Daba Shan 60/61, D 2
Dachstein 17, E 5
Dakar 24/25, B 3
Dakhla 24/25, B 2
Dalaj Nuur 60/61, E 1
Dalat 52/53, B 2
Dalian 60/61, F 2
Dallas 34/35, D 3
Dalneretschensk 62/63, O 5
Daloa 24/25, C 4
Dalua 60/61, D 3
Damanhur 24/25, G 1
Damman 57, D 3
Dampier 46/47, A 3
Dandong 60/61, F 1

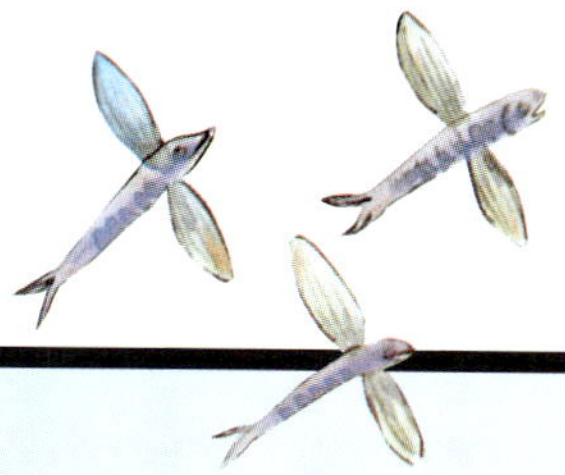

Dänemark 21, D 2
Dangori 60/61, C 3
Danzig 14/15, F 2
Darchan 60/61, D 1
Daressalam 28/29, D 2
Darfur 24/25, F 3
Darling 46/47, D 4
Daru 52/53, F 4
Darwin 46/47, B 2
Davao 52/53, D 3
Davos 18/19, C 2
Dawson 32/33, F 3
Dawson Creek 32/33, G 4
De Aar 28/29, C 5
Debra Markos 24/25, G 3
Dekkan 55, F 4
Delhi 57, F 3
Demawend 57, C 2
Dempo 52/53, B 4
Denver 34/35, C 3
Derby 46/47, B 2
Derna 24/25, F 1
Des Moines 34/35, D 2
Dessau 17, E 3
Dessie 24/25, G 3
Deutschland 21, D 2
Devodi 55, G 4
Devon-Insel 30/31, K 2
Devonport 46/47, D 5
Dhahran 57, C 3
Dhaka 55, H 3
Dhaulagiri 60/61, B 2
Dhofar 57, D 4
Diamantina 38/39, E 4
Diamantino 38/39, D 4
Dibrugarh 55, H 3
Dijon 18/19, A 2
Dikson 62/63, J 2
Dili 52/53, D 4
Dire Dawa 24/25, H 4
Djadoplateau 24/25, E 2
Djanet 24/25, D 2
Djask 57, D 3
Djebel Marra 24/25, F 3
Djebel Nefusa 24/25, E 1
Djebel Ngaja 24/25, F 4
Djebel Tuwaiq 57, C 3
Djebel Uweinat 24/25, F 2
Djelfa 24/25, D 1
Djerba 24/25, E 1
Djidda 57, B 3
Djizan 57, C 4
Dnipro 14/15, H 3
Dnipropetrowsk 62/63, D 5
Dnister 14/15, G 3
Dnjepr 14/15, H 2
Dodoma 28/29, D 2
Doha 57, D 3
Dolomiten 18/19, D 2
Dominica 34/35, G 5
Dominikanische Republik 34/35, F 5
Don 62/63, D 4
Donau 17, C 4
Dondo 28/29, B 2
Donez 62/63, D 5
Donezk 62/63, D 5
Dongting-See 60/61, E 3
Dortmund 17, B 3
Douala 24/25, E 4
Doubs 18/19, B 2
Draa 24/25, C 2
Drau 14/15, F 3
Drakensberge 28/29, C 5
Drau 18/19, E 2
Dresden 17, E 3
Dschibuti 24/25, H 3
Dsheskasgan 62/63, G 5
Dshugdshurgebirge 62/63, O 4
Dshussaly 62/63, G 5
Dsungarei 60/61, B 1
Dubai 57, D 3
Dubbo 46/47, D 4
Dublin 21, C 2
Dudinka 62/63, J 3
Duero 14/15, D 3
Düsseldorf 17, B 3
Duisburg 17, B 3
Duluth 34/35, D 2
Dunedin 46/47, G 5
Durance 18/19, A 4
Durban 28/29, D 5

E

East London 28/29, C 5
Ebro 14/15, D 3
Ecuador 38/39, B 3
Edinburgh 14/15, D 2
Edjéleh 24/25, D 2
Edmonton 30/31, G 4
Efate 46/47, F 2
Eger (Fluss) 17, E 3
Eger 17, E 3
Eifel 17, B 3
Ekibastus 62/63, H 4
El Aaiun 24/25, B 2
El Alamein 24/25, F 1
El Beida 24/25, F 1
El Diwan 24/25, G 2
El Djauf 57, B 3
El Djof 24/25, F 2
El Faiyum 24/25, F 2
El Fasher 24/25, F 3
El Mansura 24/25, G 1
El Minya 24/25, F 2
El Obeid 24/25, F 3
El Paso 34/35, C 3
El Progreso 34/35, E 5
El Salvador 34/35, E 5
El Shaab 57, C 4
El Turbio 38/39, B 8
El Wadj 57, B 3
Elbe 14/15, E 2
Elbsandsteingebirge 17, E 3

Elburs 57, D 2
Eldikan 62/63, O 3
Eldoret 28/29, D 1
Ellesmere-Insel 30/31, K 2
Ellice-Inseln 46/47, G 1
Elsass 17, B 4
Emba 62/63, F 5
Emden 17, B 2
Emerald 46/47, D 3
Ems 17, B 2
En Nahud 24/25, F 3
Encarnación 38/39, D 5
Endeh 52/53, D 4
Engadin 18/19, C 2
Engelberg 18/19, B 2
Engels 62/63, E 4
Ennedi 24/25, F 3
Enns 18/19, F 2
Enugu 24/25, D 4
Epinal 18/19, B 1
Er Roseires 24/25, G 3
Erbil 57, C 3
Erdenet 60/61, D 1
Erenhot 60/61, E 1
Erexim 38/39, D 5
Erfurt 17, D 3
Eritrea 24/25, G 3
Eritrea 24/25, G 3
Erlian 60/61, E 1
Erzgebirge 17, E 3
Es Salum 24/25, F 1
Esperance 46/47, B 4
Espíritu Santo (Insel) 46/47, F 2
Esquel 38/39, B 7
Essen 17, B 3
Estland 21, F 2
Etorofu 60/61, H 1
Etsch 18/19, D 2
Eucla 46/47, B 4
Euphrat 57, C 2
Europa 15/21
Eyresee 46/47, C 3

F

Fada 24/25, F 3
Faddejew-Insel 62/63, P 2
Fairbanks 30/31, D 3
Faisaladad 55, F 2
Falkland-Inseln 38/39, C 8
Falster 17, E 1
Farah 55, E 2
Farasan-Inseln 57, C 4
Fargo 34/35, D 2
Färöer 34/35, T 3
Farquhar 28/29, F 3
Faya 24/25, E 3
Fehmarn 17, D 1
Feira de Santana 38/39, E 4
Feldberg 17, B 5
Fès 24/25, C 1
Fessan 24/25, E 2
Feuerland 38/39, C 8
Fianarantsoa 28/29, E 4
Fichtelgebirge 17, D 3
Fidschi 46/47, G 2
Finnland 21, F 1
Finsteraarhorn 18/19, B 2
Fitzroy 46/47, B 2
Flinders 46/47, D 2
Flinderskette 46/47, C 4
Flint 34/35, E 2
Florenz 18/19, D 4
Flores 52/53, C 4
Florianópolis 38/39, E 5
Fly 52/53, F 4
Forsayth 46/47, D 2
Fort Chimo 32/33, M 4
Fort Schewtschenko 62/63, F 5
Fort Simpson 32/33, G 3
Fort Worth 34/35, D 3
Fort Yukon 32/33, E 3
Fortaleza 38/39, F 3
Fouta Djalon 24/25, B 3
Francistown 28/29, C 4

Frankenwald 17, D 3
Frankfort 34/35, E 3
Frankfurt am Main 17, C 3
Frankfurt an der Oder 17, F 2
Fränkische Alb 17, D 4
Frankreich 21, D 3
Franz-Josef-Land 62/63, E 2
Französisch-Guayana 38/39, D 2
Fraser 32/33, G 4
Fraser-Insel 46/47, E 3
Fredericton 34/35, G 2
Freetown 24/25, B 4
Freiburg 17, B 4
Fremantle 46/47, A 4
Fresno 34/35, A 3
Fuerteventura 24/25, B 2
Fujisan 60/61, G 2
Fukuoka 60/61, G 2
Fulda (Fluss) 17, C 3
Funchal 24/25, B 1
Fushun 60/61, F 1
Fuzhou 60/61, E 3

G

Gabès 24/25, E 1
Gaborone 28/29, C 4
Gabun 24/25, E 5
Gafsa 24/25, D 1
Gambia (Fluss) 24/25, B 3
Gambia 24/25, B 3
Gandhinagar 55, F 3
Ganges 55, F 3
Gangtok 55, G 3
Gannett Peak 34/35, B 2
Ganzhou 60/61, E 3
Gao 24/25, D 3
Gaoxiong 60/61, E 3
Gar 60/61, B 2
Gardasee 18/19, D 2
Garmisch-Partenkirchen 18/19, D 2
Garonne 14/15, D 3
Garoua 24/25, E 4
Garzê 60/61, D 2
Gauhati 55, H 3
Gedaref 24/25, G 3
Geelong 46/47, D 4
Gejiu 60/61, D 3
General Santos 52/53, D 3
Genf 18/19, B 2
Genfer See 18/19, B 2
Genua 18/19, C 3
George Town 52/53, A 3
Georgetown 38/39, D 2
Georgien 62/63, E 5
Gera 17, E 3
Geraldton 46/47, A 3
Ghadames 24/25, D 1
Ghana 24/25, C 4
Ghardaia 24/25, D 1
Ghat 24/25, E 2
Gilgit 55, F 2
Gise 24/25, G 1
Gishiga 62/63, R 3
Gladstone 46/47, E 3
Glasgow 14/15, D 2
Goa 55, F 4
Goba 24/25, H 4
Gobabis 28/29, B 4
Gobi 60/61, D 1
Gobi Altai 60/61, C 1
Godavari 55, F 4
Godwin Austen (K 2) 55, F 2
Goiânia 38/39, D 4
Gold Coast 46/47, E 3
Golmud 60/61, C 2
Gombe 24/25, E 3
Gondar 24/25, G 3
Gorakhpur 55, G 3
Gorgan 57, D 2
Görlitz 17, F 3
Gorno-Altaisk 62/63, J 4
Gorontalo 52/53, D 3
Göttingen 17, C 3
Goulburn 46/47, D 4
Grado 18/19, E 3
Grafton 46/47, E 3
Grand Bahama 34/35, F 4
Grand Canyon 34/35,B 3
Graz 18/19, F 2
Great Abaco 34/35, F 4
Great Dividing Range 46/47, D 2
Great Plains 34/35, C 2
Greenville 24/25, C 4
Grenada 34/35, G 5
Grenoble 18/19, A 3
Greykette 46/47, D 3
Greymouth 46/47, F 5
Griechenland 21, F 4
Grindelwald 18/19, C 2
Groningen 17, B 2
Grönland 32/33, P 2
Groote Eylandt 46/47, C 2
Grootfontein 28/29, B 3
Großbritannien 21, C 2
Große Antillen 34/35, E 4
Große Sunda-Inseln 52/53, B 4
Großer Arber 17, E 4
Großer Bärensee 30/31, G 3
Großer Belchen 17, B 5
Großer Chingan 60/61, E 2
Großer Salzsee 34/35, B 2
Großer Sklavensee 30/31, G 3
Großes Barriere-Riff 46/47, D 2
Großglockner 18/19, E 2
Großvenediger 18/19, E 2
Guadalajara 34/35, C 4
Guadalquivir 14/15, D 4
Guadeloupe 34/35, G 5
Guangdong 60/61, E 3
Guantanamo 34/35, F 4
Guaporë 38/39, C 4
Guatemala 34/35, D 5
Guaviare 38/39, B 2
Guayaquil 38/39, B 3
Guilin 60/61, E 3
Guinea 24/25, B 3
Guinea-Bissau 24/25, B 3
Guiyang 60/61, D 3
Guyana 38/39, D 2
Gwalior 55, F 3
Gweru 28/29, C 3

H

Habermehl Peak 48
Hadramaut 57, C 4
Hafun 24/25, J 3
Haifa 57, B 2
Haikou 52/53, B 2
Hail 57, C 3
Hailar 60/61, E 1
Hainan 52/53, C 2
Haiphong 52/53, B 1
Haiti 34/35, F 5
Haiya 24/25, G 3
Hakodate 60/61, H 1
Halaib 24/25, G 2
Halifax 34/35, G 2
Halle 17, D 3
Halmahera 52/53, D 3
Hamadan 57, C 2
Hamamatsu 60/61, G 2
Hamburg 17, C 2
Hami 60/61, C 1
Hamilton (Kanada) 34/35, E 2
Hamilton (Neuseeland) 46/47, G 4
Hangyang 60/61, E 3
Hangzhou 60/61, E 2
Hanjiang 60/61, D 2
Hannover 17, C 2
Hanoi 52/53, B 1
Harar 24/25, H 4
Harare 28/29, D 3
Harbin 60/61, F 1
Hargeisa 24/25, H 4
Harrisburg 34/35, F 2
Hartford 34/35, F 2
Harudj el Asuad 24/25, E 2
Harz 17, D 3
Hassi-Messaud 24/25, C 1
Havanna 34/35, E 4
Havel 17, E 2
Hawaii 44/45
Hay River 32/33, H 3
Hefei 60/61, E 2
Heide 17, C 1
Heilbronn 17, C 4
Helena 34/35, B 2
Helgoland 17, C 1
Helsinki 21, F 1
Henan 60/61, E 2
Hengyang 60/61, E 3
Herat 55, E 2
Hermosillo 34/35, B 4
Hilmend 55, E 2
Himalaya 55, F 2
Hiroshima 60/61, G 2
Hispaniola 34/35, F 4
Ho-Chi-Minh-Stadt 52/53, B 2
Hobart 46/47, D 5
Hodeida 57, C 4
Hofuf 57, C 3
Hohe Tauern 18/19, E 2
Hoher Atlas 24/25, C 1
Hohhot 60/61, E 1
Hokkaido 60/61, G 1
Honduras 34/35, E 5
Hongkong 60/61, E 3
Honshu 60/61, H 2
Horqin Youyi Qianqi 60/61, E 1
Horsham 46/47, D 4
Hotan (Fluss) 60/61, A 2
Hotan 60/61, B 2
Hotazel 28/29, C 4
Houston 34/35, D 3
Huambo 28/29, B 3
Huancayo 38/39, B 4
Huang He 60/61, E 2
Huangshi 60/61, E 2
Huánuco 38/39, B 4
Huascarán 38/39, B 3
Hubi-Dharwar 55, F 4
Hudson 34/35, F 2
Huë 52/53, B 2
Hughenden 46/47, D 3
Huila 38/39, B 2
Huito 28/29, B 3
Humphreys Peak 34/35, B 3
Hungnam 60/61, F 2
Hunsrück 17, B 4
Huronsee 34/35, E 2
Hwanghe 28/29, C 3
Hyderabad (Indien) 55, F 4
Hyderabad (Pakistan) 55, E 3
Hyesan 60/61, F 1

I

Ibadan 24/25, D 4
Iça 38/39, C 3
Ife 24/25, D 4
Iférouane 24/25, D 3
Iguaçu 38/39, D 5
Iguatu 38/39, F 3
Ilgarka 62/63, J 3
Ilebo 28/29, C 2
Ilhéus 38/39, F 4
Iligan 52/53, D 3
Illampu 38/39, C 4
Iller 17, D 5
Illigan 52/53, D 3
Illimani 38/39, C 4
Iloilo 52/53, D 2
Ilorin 24/25, D 4
Imphal 55, H 3
In Salah 24/25, D 2
Inagua-Inseln 34/35, F 4
Inchon 60/61, F 2
Indianapolis 34/35, E 3
Indien 55, F 4
Indigirka 62/63, P 3
Indonesien 52/53, B 4
Indore 55, F 3
Indus 55, F 2
Inhambane 28/29, D 4
Inn 17, E 4
Innsbruck 18/19, D 2
Inongo 28/29, B 2
Interlaken 18/19, B 2
Inuvik 30/31, E 3
Invercargill 46/47, F 5
Inverell 46/47, D 3
Inyanga 28/29, D 3
Inzell 18/19, E 2
Ipoh 52/53, B 3
Iquique 38/39, B 5
Iquitos 38/39, B 3
Irak 57, C 2
Iran 57, D 2
Irawadi 60/61, C 4
Irgalem 24/25, G 4

Irian Jaya 52/53, E 4
Iringa 28/29, D 2
Irkutsk 62/63, L 4
Irland 21, C 2
Iron Knob 46/47, C 4
Irtysch 62/63, H 4
Isar 17, D 5
Ischim 62/63, G 4
Isère 18/19, A 3
Isfahan 57, D 2
Ishewsk 62/63, F 4
Islamabad 55, F 2
Island 34/35, S 3
Ismailia 24/25, G 1
Israel 57, B 2
Issyk-Kul 62/63, H 5
Istanbul 14/15, G 3
Istrien 18/19, E 3
Italien 21, E 3
Itumbiara 38/39, E 4
Iturup 60/61, H 1
Iwanowo 62/63, E 4
Izmir 14/15, G 4

J

Jabalpur 55, F 3
Jablonowyjgebirge 62/63, M 4
Jackson 34/35, D 3
Jacksonville 34/35, E 3
Jaffna 55, F 5
Jaipur 55, F 3
Jakarta 52/53, B 4
Jakutsk 62/63, N 3
Jamaika 34/35, F 5
Jamantau 62/63, F 4
Jammu 55, F 2
Jamshedpur 55, G 3
Jan Mayen 30/31, S 2
Jana 62/63, O 3
Janbo 57, B 3
Jangtsekiang 60/61, C 2
Japan 60/61, G 2
Japurá 38/39, C 3
Jaroslawl 62/63, D 4
Jataí 38/39, D 4
Jaunde 24/25, E 4
Java 52/53, B 4
Javari 38/39, B 3
Jaya-Spitze 52/53, E 4
Jayapura 52/53, F 4
Jefferson City 34/35, D 3
Jekaterinburg 62/63, F 4
Jemen 57, C 4
Jena 17, D 3
Jenissej 62/63, J 3
Jenissejsk 62/63, J 4
Jequié 38/39, E 4
Jerbogatschen 62/63, L 3
Jerusalem 57, B 2
Jesd 57, D 2
Jiamusi 60/61, G 1
Jiayaguan 60/61, C 2
Jilin 60/61, F 1
Jimma 24/25, G 4
Jinan 60/61, E 2
Jingdezhen 60/61, E 3
Jinja 28/29, D 1
Jinzhou 60/61, F 1
Jiparaná 38/39, C 4
Jiujiang 60/61, E 3
João Pessoa 38/39, F 3
Jodhpur 55, F 3
Johannesburg 28/29, C 4
Johor Baharu 52/53, B 3
Joinville 38/39, E 5
Jolo 52/53, D 3
Jordanien 57, B 2
Jos 24/25, D 3
Juba 24/25, G 4
Juiz de Fora 38/39, E 5
Jultin 62/63, T 3
Jungfern-Inseln 34/35, G 5
Juruá 38/39, C 3
Juruena 38/39, D 4
Jushno-Sachalinsk 62/63, P 5

K

Kabalo 28/29, C 2
Kabinda 28/29, C 2
Kabwe 28/29, C 3
Kaduna 24/25, D 3
Kaedi 24/25, B 3
Kafue 28/29, C 3
Kagera 28/29, D 2
Kagoma 28/29, C 3
Kagoshima 60/61, G 2
Kaifeng 60/61, E 2
Kailas 60/61, B 2
Kaimana 52/53, E 4
Kairo 24/25, G 2
Kalahari 28/29, B 4
Kalemi 28/29, C 2
Kalgoorlie 46/47, B 4
Kalhapur 55, F 4
Kalkutta 55, G 3
Kama 62/63, F 4
Kamaran 57, C 4
Kambodscha 60/61, D 4
Kamensk-Uralskij 62/63, F 4
Kamerun 24/25, E 4
Kamerunberg 24/25, D 4
Kamina 28/29, C 2
Kampala 28/29, D 1
Kanada 32/33, J 4
Kananga 28/29, O 2
Kanarische Inseln 24/25, B 2
Kanazawa 60/61, G 2
Kandahar 55, E 2
Kankan 24/25, C 4
Kano 24/25, D 3
Kanpur 55, G 3
Kansas City 34/35, D 3
Kansk 62/63, K 4
Kant 62/63, H 5
Kantabrisches Gebirge 14/15, D 3
Kanton 60/61, E 3
Kanye 28/29, C 4
Kaolack 24/25, B 3
Kap Canaveral 34, E 4
Kapstadt 28/29, B 5

Kapuas 52/53, C 4
Kapuas-Gebirge 52/53, C 3
Kapverdische Inseln 22/23, C 5
Karachi 55, E 3
Karaganda 62/63, H 5
Karakorum 55, F 2
Karamai 60/61, B 1
Karibasee 28/29, C 3
Karima 24/25, G 3
Karisimbi 28/29, C 2
Karlsruhe 17, C 4
Karnool 55, F 4
Karpaten 14/15, G 3
Karsina 24/25, D 3
Kartaly 62/63, F 4
Kasachstan 62/63, F 5
Kasai 28/29, B 2
Kasama 28/29, D 2
Kasan 62/63, E 4
Kashgar 60/61, A 2
Kashi 60/61, A 2
Kashmir 55, F 2
Kaskadenkette 34/35, A 2
Kasongo 28/29, C 2
Kaspisches Meer 62/63, F 6
Kassala 24/25, G 3
Kassel 17, C 3
Kaswin 57, D 2
Kataba 28/29, C 3
Katar 57, C 3
Katherine 46/47, C 2
Katmandu 55, G 3
Kaukasus 62/63, E 5
Kaura-Namoda 24/25, D 3
Kaveri 55, F 4
Kayes 24/25, B 3
Keetmanshoop 28/29, B 4
Keewatin 32/33, K 3
Keilberg 17, E 3
Kemerowo 62/63, J 4
Kempten 17, C 5
Kendari 52/53, D 4
Kenia 24/25, G 4
Kenitra 24/25, C 1
Kenora 34/35, D 2
Kerbela 57, C 2
Kerinci 52/53, B 4
Kerman 57, D 2
Kermanschah 57, C 2
Kerulen 60/61, E 1
Keshma 62/63, L 4
Ket 62/63, J 4
Ketapang 52/53, C 4
Key West 34/35, E 4
Kharagpur 55, G 3
Kharga 24/25, G 2
Khartum 24/25, G 3
Khasigebirge 55, H 3
Khon Kaen 52/53, B 2
Khulna 55, G 3
Kiel 17, D 1
Kiew 21, G 2
Kigali 28/29, D 2
Kigoma 28/29, C 2
Kikwit 28/29, B 2
Kilimanjaro 28/29, C 2
Kimberley 28/29, C 4
Kinabalu 52/53, C 3
Kindia 24/25, B 3
King-Insel 46/47, D 5
Kingston 34/35, F 5
Kinshasa 28/29, B 2
Kinyeti 24/25, G 4
Kioto 60/61, G 2
Kirensk 62/63, L 4
Kirgisistan 62/63, H 5
Kirkuk 57, C 2
Kirow-Inseln 62/63, J 2
Kisangani 28/29, C 1
Kischinau 21, F 3
Kisimayjo 28/29, E 2
Kisumu 28/29, D 1
Kitakyushu 60/61, G 2
Kitimat 32/33, G 4
Kitwe 28/29, C 3
Kitzbühel 18/19, E 2
Kivu 28/29, C 2
Kivusee 28/29, C 2
Klagenfurt 18/19, F 2
Kleine Antillen 34/35, G 5
Kleine Sunda-Inseln 52/53, C 4
Kleiner Chingan 60/61, F 1
Kljutschew 62/63, R 4
Klondike 32/33, E 3
Kobdo 60/61, C 1
Kobe 60/61, G 2
Koblenz 17, B 3
Kochi 60/61, G 2
Kodiak 32/33, D 4
Kokenau 52/53, E 4

Koktschetaw 62/63, G 4
Kolepom 52/53, E 4
Kolgujew 62/63, E 3
Kolhapur 55, F 4
Köln 17, B 3
Kolonia 52/53, G 3
Kolpaschewo 62/63, J 4
Kolumbien 38/39, B 2
Kolwezi 28/29, C 3
Kolyma 62/63, Q 3
Kolymagebirge 62/63, R 3
Komagudu 24/25, E 3
Komoe 24/25, C 4
Komoren 28/29, E 3
Kompassberg 28/29, C 5
Kompong Som 52/53, B 2
Komsomolsk 62/63, O 4
Kongo (Fluss) 28/29, C 1
Kongo (Staat) 28/29, B 2
Kongo, Dem. Rep. 28/29, C 2
Kongur 60/61, A 2
Königin-Charlotte-Inseln 32/33, F 4
Königin-Maud-Land 48
Konoscha 62/63, E 3
Konstanz 17, C 5
Kopenhagen 21, E 2
Korhogo 24/25, C 4
Korjakengebirge 62/63, S 3
Korla 60/61, B 1
Korsakow 62/63, P 5
Korsika 14/15, E 3
Koslan 62/63, E 3
Kosowo 21, F 3
Kosti 24/25, G 3
Kostroma 62/63, E 4
Kota 55, F 3
Kota Baharu 52/53, B 3
Kotelnyj-Insel 62/63, O 2
Kotlas 62/63, E 3
Kotto 24/25, E 3
Kotui 62/63, L 3
Kourou 38/39, D 2
Krasnojarsk 62/63, K 4
Krasnowodsk 62/63, F 5
Kreta 14/15, G 4
Krishna 55, F 4
Kroatien 21, E 3
Krugersdorp 28/29, C 4
Kuala Lumpur 52/53, B 3
Kuando 28/29, C 3
Kuango 28/29, B 2
Kuantan 52/53, B 3
Kuanza 28/29, B 2
Kuba 34/35, E 4
Kubango 28/29, B 3
Kuching 52/53, C 3
Kufra-Oasen 24/25, F 2
Kuhrudgebirge 57, D 2
Kulsary 62/63, F 5
Kulunda 62/63, H 4
Kum 57, D 2
Kumamoto 60/61, G 2
Kumasi 24/25, C 4
Kunashiri 60/61, H 1
Kundus 55, E 2
Kunene 28/29, B 3
Kungrad 62/63, F 5
Kunlun Shan 60/61, A 2
Kunming 60/61, D 3
Kupa 18/19, F 3
Kupang 52/53, D 5
Kurejka 62/63, K 3
Kurgan 62/63, G 4
Kuria-Muria-Inseln 57, D 4
Kurilen 62/63, Q 5
Kursk 62/63, D 4
Kushiro 60/61, H 1
Kuskowimberge 32/33, D 3
Kustanai 62/63, G 4
Küstengebirge 30/31, F 4
Küstenkette 34/35, A 2
Kut 57, C 2
Kuwait 57, C 3
Kyogasee 28/29, D 1
Kysl-Orda 55, E 1
Kysyl 62/63, K 4
Kyushu 60/61, G 2

L

La Clusaz 18/19, B 3
La Guaira 38/39, C 1
La Palma 24/25, B 2
La Paz (Bolivien) 38/39, C 4
La Paz (Mexiko) 34/35, B 4
La Plata 38/39, D 6
La Serena 38/39, B 5
Labrador 30/31, L 4
Lae 52/53, F 4
Laghouat 24/25, D 1
Lagos 24/25, D 4
Lahore 55, F 2
Lambarene 28/29, B 2
Lampang 52/53, A 2
Landshut 17, E 4
Lang Son 52/53, B 1
Lanin 38/39, B 6
Lansing 34/35, E 2
Lanzarote 24/25, B 2
Lanzhou 60/61, D 2
Lao Cai 52/53, B 1
Laos 60/61, D 4
Las Palmas 24/25, B 2
Las Vegas 34/35, B 3
Launceston 46/47, D 5
Lausanne 18/19, B 2
Lausitzer Neiße 17, F 3
Laverton 46/47, B 3
Lecco 18/19, C 3
Lech 17, D 5
Legaspi 52/53, D 2
Leh 55, F 2
Leipzig 17, E 3
Lena 62/63, L 4
Leninoporsk 62/63, J 4
Leninsk-Kusnezkij 62/63, J 4
Leninskoje 62/63, O 5
Lensk 62/63, M 3
León 34/35, C 4
Leonora 46/47, B 3
Les Arcs 18/19, B 2
Les Deux-Alpes 18/19, A 3
Les Rousses 18/19, A 2
Lesotho 28/29, C 4
Leticia 38/39, B 3
Lettland 21, F 2
Leuser 52/53, A 3
Leyte 52/53, D 2
Lhasa 60/61, C 3
Lianyungang 60/61, E 2
Liaoyuan 60/61, F 1
Libanon 57, B 2
Libenge 28/29, B 1
Liberia 24/25, B 4
Libreville 28/29, A 1
Libyen 24/25, E 2
Lichinga 28/29, D 3
Liechtenstein 21, D 3
Lienz 18/19, E 2
Likasi 28/29, C 3
Lilongwe 28/29, D 3
Lima 38/39, B 4
Limpopo 28/29, D 4
Lincoln 34/35, D 2
Lindau 18/19, C 2
Lindi 28/29, C 1
Linfen 60/61, E 2
Lingga-Inseln 52/53, B 3
Linz 18/19, F 1
Lipezk 62/63, D 4
Lismore 46/47, E 3
Lissabon 21, A 3
Litauen 21, F 2
Little Rock 34/35, D 3
Liuzhou 60/61, D 3

Liverpool 14/15, D 2
Ljachow-Inseln 62/63, P 2
Ljubljana 21, E 3
Llullaillaco 38/39, B 5
Lob Nur 60/61, C 1
Lobito 28/29, B 3
Locarno 18/19, C 2
Loire 14/15, D 3
Lolland 17, D 1
Lomaberge 24/25, B 4
Lomami 28/29, C 2
Lombok 52/53, C 4
Lomé 24/25, D 4
London 21, C 2
Londrina 38/39, D 5
Long Xujen 52/53, B 3
Los Angeles 34/35, A 3
Lothringen 17, B 4
Louisville 34/35, E 3
Luanda 28/29, B 2
Luang Prabang 46/47, B 1
Luangwa 28/29, D 3
Luanshya 28/29, C 3
Luau 28/29, C 3
Lubango 28/29, B 3
Lübeck 17, D 2
Lubumbashi 28/29, C 3
Luckenwalde 17, E 2
Lucknow 55, G 3
Lüderitz 28/29, B 4
Ludhiana 55, F 2
Luena 28/29, B 3
Lugano 18/19, C 2
Lugenda 28/29, D 3
Luhansk 62/63, D 5
Lukuga 28/29, C 2
Lulua 28/29, C 2
Lunbala 28/29, C 3
Lunda 28/29, B 2
Lüneburg 17, D 2
Luoyang 60/61, E 2
Lurio 28/29, D 3
Lusaka 28/29, C 3
Luvua 28/29, C 2
Luxemburg 21, D 3
Luxor 24/25, G 2
Luzern 18/19, C 2
Luzon 52/53, D 2
Lynn Lake 32/33, J 4
Lyon 18/19, A 3

M

Maas 17, A 3
Macao 60/61, E 3
Macapá 38/39, D 2
Macdonnellkette 46/47, C 3
Maceió 38/39, F 3
Machatschkala 62/63, E 5
Machu Picchu 38/39, B 4
Mackay 46/47, D 3
Mackenzie 32/33, G 3
Mackenziegebirge 30/31, E 3
Madagaskar 28/29, E 3
Madang 52/53, F 4
Madeira (Fluss) 38/39, C 3
Madeira (Insel) 24/25, B 1
Madison 34/35, D 2
Madras 55, G 4
Madrid 21, C 3
Madura 52/53, C 4
Madurai 55, F 5
Magadan 62/63, P 4
Magdalena 38/39, B 2
Magdeburg 17, D 3
Magellanstraße 38/39, B 8
Magnitogorsk 62/63, F 4
Mahajanga 28/29, E 3
Mahanadi 55, G 3
Mai Ndombe-See 28/29, B 2
Maiduguri 24/25, E 3
Mailand 18/19, C 3
Maimana 55, E 2
Main 17, D 3
Maipo 38/39, B 6
Maitland 46/47, D 4
Makale 24/25, G 3
Makassar 52/53, C 4
Makat 62/63, F 4
Makedonien 21, F 3
Makinsk 62/63, H 4
Makurdi 24/25, D 4
Malabo 24/25, D 4
Malang 52/53, C 4
Malanje 28/29, B 2
Malawi 28/29, D 3
Malawisee 28/29, D 3
Malaysia 52/53, B 3
Malediven 55, F 5
Malegaon 55, F 3
Malekula 46/47, F 2
Mali 24/25, C 3
Malili 52/53, D 4
Malino 52/53, D 3
Mallorca 14/15, E 4
Malta 21, E 4
Malyje Karmakuly 62/63, E 2
Mamoré 38/39, C 4
Man 24/25, C 4
Manado 52/53, D 3
Manama 57, D 3
Manaus 38/39, C 3
Mandalay 60/61, C 4
Mangalore 55, F 4
Mangoky 28/29, E 4
Manila 52/53, C 2
Manitoba 34/35, K 4
Manitobasee 34/35, D 1
Manizales 38/39, B 2
Mannheim 17, C 4
Manokwari 52/53, E 4
Manono 28/29, C 2
Mansa 28/29, C 3
Manzhouli 60/61, E 1

Maokegebirge 52/53, E 4
Maoming 60/61, E 3
Maputo 28/29, D 4
Mar del Plata 38/39, D 6
Maracaibo 38/39, B 1
Maradi 24/25, D 3
Marajó 38/39, E 3
Maramba 28/29, C 3
Marañón 38/39, B 3
Margarita 38/39, C 1
Maribor 18/19, F 2
Marie-Byrd-Land 48
Marioka 60/61, H 2
Marka 24/25, H 4
Markowo 62/63, S 3
Marne 18/19, A 1
Marokko 24/25, C 1
Marrakesch 24/25, C 1
Marree 46/47, C 3
Marsabit 28/29, D 1
Marseille 18/19, A 4
Marua 24/25, E 3
Mary 62/63, G 6
Maryborough 46/47, E 3
Maseru 28/29, C 4
Masira 57, D 4
Maskat 57, D 3
Massaua 24/25, G 3
Masuku 28/29, B 2
Matadi 28/29, B 2
Matamoros 34/35, D 4
Matterhorn 18/19, B 3
Maun 28/29, C 3
Mauretanien 24/25, B 3
Mauritius 28/29, F 3
Mayotte 28/29, E 3
Mazabuka 28/29, C 3
Mazatlán 34/35, C 4
Mazu 60/61, F 3
Mbabane 28/29, D 4
Mbala 28/29, D 2
Mbandaka 28/29, B 1
Mbeya 28/29, D 2
Mbinda 28/29, B 2
Mbuji-Mayi 28/29, C 2
Medan 52/53, A 3
Medellín 38/39, B 2
Medicine Hat 34/35, B 2
Medina 57, B 3
Meekatharra 46/47, A 3
Meerut 55, F 3
Mekambo 28/29, B 1
Mekka 57, B 3
Meknès 24/25, C 1
Mekong 60/61, C 2
Melbourne 46/47, D 4

Melville-Insel (Australien) 46/47, C 2
Melville-Insel (Kanada) 32/33, H 2
Memphis (Ägypten) 24/25, G 2
Memphis (USA) 34/35, E 3
Mendoza 38/39, C 6
Mengzi 60/61, D 3
Menongue 28/29, B 3
Menorca 14/15, E 3
Merak 52/53, B 4
Meran 18/19, D 2
Merca 24/25, H 4
Mercedes 38/39, C 6
Mérida (Mexiko) 34/35, E 4
Mérida (Venezuela) 38/39, B 2
Mesen 62/63, E 3
Meta 38/39, B 2
Metz 17, B 4
Mexicali 34/35, B 3
Mexiko 34/35, C 5
Mexiko-Stadt 34/35, C 5
Miami 34/35, E 4
Michigansee 34/35, E 2
Mikronesien 40/41
Mildura 46/47, D 4
Milwaukee 34/35, D 2
Min Shan 60/61, D 2
Mina el Ahmadi 57, C 3
Mindanao 52/53, D 3
Mindoro 52/53, C 2
Minneapolis 34/35, D 2
Minsk 21, F 2
Minya Konka 60/61, D 3
Mirnyj 62/63, M 3
Mississippi 34/35, D 2
Missouri 34/35, C 2
Mistassinisee 34/35, F 1
Misurata 24/25, E 1
Mitchell (Fluss) 46/47, D 2
Mitchell 46/47, D 3
Mittenwald 18/19, D 2
Mitú 38/39, B 2
Mlanje 28/29, D 3
Moanda 28/29, B 2
Moçambique 28/29, E 3
Mocha 57, C 4
Moe 46/47, D 4
Mogadischu 24/25, H 4
Mogok 60/61, C 3
Mogotscha 62/63, M 4
Mohéli 28/29, E 3
Mohenjo Daro 57, E 3
Mointy 62/63, H 5
Mokpo 60/61, F 2
Moldawien 21, F 3
Molepolole 28/29, C 4
Mollendo 38/39, B 4
Molopo 28/29, B 4
Molukken 52/53, D 4
Mombasa 28/29, E 2
Monaco 21, D 3
Mongolei 62/63, K 5
Mongolischer Altai 60/61, B 1
Monrovia 24/25, B 4
Montblanc 14/15, E 3
Montenegro 21, E 3
Monterrey 34/35, C 4
Montes Claros 38/39, E 4
Montevideo 38/39, D 6
Montpelier 34/35, F 2
Montreal 34/35, F 2
Montreux 18/19, B 2

Montserrat 34/35, G 5
Moonie 46/47, D 3
Moosonee 34/35, E 1
Mopri 24/25, C 3
Moree 46/47, D 3
Morgins 18/19, B 2
Morioka 60/61, H 2
Morogoro 28/29, D 2
Moroni 28/29, E 3
Morro Alto 38/39, E 4
Mosel 17, B 3
Moshi 28/29, D 2
Moskau 62/63, D 4
Mostaganem 24/25, D 1
Mosul 57, C 2
Moulmein 60/61, C 4
Mount Baker 32/33, A 2
Mount Berlin 48
Mount Bruce 46/47, A 3
Mount Columbia 32/33, G 4
Mount Cook 46/47, F 5
Mount Elbert 34/35, C 3
Mount Elgon 28/29, D 1
Mount Everest 60/61, B 3
Mount Fridtjof Nansen 48
Mount Gambier 46/47, C 4
Mount Hawkes 48
Mount Isa 46/47, C 3
Mount Jackson 48
Mount Kenia 28/29, C 2
Mount Kosciusko 46/47, D 4
Mount Logan 32/33, E 3
Mount MacClintock 48
Mount Magnet 46/47, A 3
Mount McKinley 30/31, C 3
Mount Menzies 48
Mount Michelson 32/33, E 3
Mount Mitchell 34/35, E 3
Mount Monto 48
Mount Rainier 30/31, F 5
Mount Robson 30/31, F 4
Mount Saint Helens 32/33, A 2
Mount Shasta 34/35, A 2
Mount Sidley 48
Mount Smythe 32/33, G 4
Mount Victoria 52/53, F 4
Mount Vinson 48
Mount Waddington 32/33, G 4
Mount Whitney 34/35, B 3
Mount Wilhelm 52/53, F 4
Mount Woodroffe 46/47, C 3
Mount Ziel 46/47, C 3
Moyale 24/25, G 4
Mpanda 28/29, D 2
Mpika 28/29, D 3
Mtwara 28/29, E 3
Muchingagebirge 28/29, D 3
Mucusso 28/29, C 3
Mudanjiang 60/61, F 1
München 17, D 4
Mugodsharyberge 62/63, F 5
Mukalla 57, C 4
Mülhausen 18/19, B 2
Multan 55, F 2
Muluya 24/25, C 1
Mundu 24/25, E 4
Mungbere 28/29, C 1
Munku Sardyk 60/61, C 1
Münster 17, B 3
Mur 18/19, F 2
Murchison 46/47, A 3
Muren 60/61, D 1
Murmansk 14/15, H 1
Murray 46/47, D 4
Murray Bridge 46/47, C 4
Murrumbidgee 46/47, D 4
Mursuq 24/25, E 2
Mus Chaja 62/63, P 3
Musgravekette 46/47, C 3
Mussoro 24/25, E 3
Mutare 28/29, D 3
Mwali 28/29, E 3
Mwanza 28/29, D 2
Mwerusee 28/29, C 2
Myanmar 55, H 3
Myeik 52/53, A 2
Myingyan 60/61, C 3
Myitkyina 60/61, C 3

N

N'Djamena 24/25, E 3
Nacala 28/29, E 3
Nachodka 62/63, O 5
Nagasaki 60/61, F 2
Nagoya 60/61, G 2
Nagpur 55, F 3
Naha 60/61, F 3
Nairobi 24/25, G 5
Nakhon Ratchasima 52/53, B 2
Nakuru 28/29, D 2
Nam Tsho 60/61, B 2
Namibe 28/29, B 3
Namibia 28/29, B 4
Nampula 28/29, D 3
Nan Shan 60/61, C 2
Nanchang 60/61, E 3
Nancy 17, B 4
Nanda Nevi 60/61, A 2
Nanga Parbat 55, F 2

Nanking 60/61, E 2
Nanning 60/61, D 3
Nanping 60/61, E 3
Nansei-Inseln 60/61, F 3
Nantong 60/61, F 2
Nanyang 60/61, E 2
Napier 46/47, G 4
Nara 24/25, C 3
Narjan Mar 62/63, F 3
Narmada 55, F 3
Narodnaja Gora 62/63, F 3
Naryn 62/63, H 5
Nashville 34/35, E 3
Nassau 34/35, F 4
Natronsee 28/29, D 2
Nauschkij 62/63, L 4
Nazret 24/25, G 4
Ndola 28/29, C 3
Neapel 14/15, F 3
Neblina 38/39, C 2
Neckar 17, C 4
Necochea 38/39, D 6
Negros 52/53, D 3
Nelkan 62/63, O 4
Nelma 62/63, O 5
Nelson (Fluss) 30/31, J 5
Nelson 46/47, G 5
Nepal 55, G 3
Nertschinsk 62/63, M 4
Neu-Delhi 55, F 3
Neubrandenburg 17, E 2
Neubritannien 52/53, G 4
Neue Hebriden 46/47, F 2
Neuenburger See 18/19, B 2
Neufundland 30/31, N 5
Neuguinea 52/53, E 4
Neuirland 52/53, G 4
Neukaledonien 46/47,F 2
Neumünster 17, D 1
Neuquén 38/39, C 6
Neuseeland 46/47, F 5
Neuseeländische Alpen 46/47, F 5
Neusiedler See 18/19, G 2
Nevado de Colima 34/35, C 5
Nevado del Ruiz 38/39, B 2
New Amsterdam 38/39, D 2
New Orleans 34/35, E 4
New Plymouth 46/47,G 4
New York 34/35, F 2
Newcastle 46/47, E 4
Newman 46/47, A 3
Ngamipfanne 28/29, C 4
Ngaoundére 24/25, E 4
Ngiva 28/29, B 3
Nguigmi 24/25, E 3
Nguru 24/25, E 3
Nha Trang 52/53, B 2
Niamey 24/25, D 3
Nicaragua 34/35, E 5
Niederlande 21, D 2
Niederländische Antillen 34/35, F 5
Niger (Fluss) 24/25, O 3
Niger 24/25, D 3
Nigeria 24/25, D 4
Niigata 60/61, G 2
Nikobaren 52/53, A 3
Nikolajewsk 62/63, O 4
Nikosia 21, G 4
Nil 24/25, G 2
Ningbo 60/61, F 3
Ninive 57, C 2
Nioro 24/25, C 3
Nipigonsee 34/35, E 1
Nishneudinsk 62/63, K 4
Nishnewartowsk 62/63, H 3
Nishnij Nowgorod 62/63, E 4
Nishnij Tagil 62/63, F 4
Niterói 38/39, E 5
Nizza 18/19, B 4
Njagan 62/63, G 3
Njazidja 28/29, E 3
Njombe 28/29, D 2
Nkongsamba 24/25, E 4
Noginskij 62/63, J 3
Nome 32/33, C 3
Nongkhai 52/53, B 2
Nordirland 21, C 2
Nordkorea 62/63, N 6
Norfolk 34/35, F 3
Norilsk 62/63, J 3
Normann Wells 32/33, G 3
Normanton 46/47, D 2
Norseman 46/47, A 4
Northam 46/47, A 4
Northampton 46/47, A 3
Norwegen 21, D 1
Nottaway 34/35, F 1
Nouadhibou 24/25, B 2
Nouakchott 24/25, B 3
Nouméa 46/47, F 2
Nova Iguaçu 38/39, E 5
Nowaja Semlja 62/63, F 2
Nowokasalinsk 62/63, G 5
Nowokusnezk 62/63, J 4
Nowosibirsk 62/63, H 4
Nukus 62/63, F 5
Nürnberg 17, D 4
Nuuk 30/31, N 3
Nyala 24/25, F 3
Nyanda 28/29, D 4
Nyda 62/63, H 3
Nzeto 28/29, B 2
Nzwani 28/29, E 3

O

Oaxaca 34/35, D 5
Ob 62/63, H 3
Oberer See 34/35, E 2
Oberpfälzer Wald 17, E 4
Oberstdorf 18/19, D 2
Oboserskij 62/63, D 3
Ocha 62/63, P 4
Ochotsk 62/63, P 4
Oder 14/15, E 2
Odenwald 17, C 4
Ogaden 24/25, H 4
Oglio 18/19, D 3
Ogowe 28/29, B 2
Ohanet 24/25, D 2
Ohio 34/35, E 3
Oimjakon 62/63, P 3
Ojos del Salado 38/39, B 5
Okawango 28/29, C 3

Okayama 60/61, G 2
Okinawa 60/61, F 3
Oklahoma City 34/35, D 3
Oktoberrevolutions-Insel 62/63, J 2
Oldenburg 17, B 2
Olenjok 62/63, N 2
Olga 62/63, O 5
Oljokma 62/63, M 4
Oljokminsk 62/63, M 3
Olympia (USA) 32/33, A 2
Omaha 34/35, D 2
Oman 57, D 3
Omangebirge 57, D 3
Omatako 28/29, B 4
Omdurman 24/25, G 3
Omo 24/25, G 4
Omolon 62/63, Q 3
Omsk 62/63, H 4
Onilany 28/29, E 4
Onitsha 24/25, D 4
Onon 62/63, M 4
Onslow 46/47, A 3
Ontariosee 34/35, F 2
Opala 28/29, C 2
Orange 46/47, D 4
Oranje 28/29, C 5
Ordos 60/61, D 2
Orenburg 62/63, F 4
Orinoco 38/39, C 2
Orjol 62/63, D 4
Orsk 62/63, F 4
Ortler 18/19, D 2
Osaka 60/61, G 2
Oshogbo 24/25, D 4
Oslo 21, D 2
Osnabrück 17, C 2
Österreich 21, E 3
Östliche Sierra Madre 34/35, C 4
Osttimor 52, D 4
Osumi-Inseln 60/61, G 2
Ottawa 34/35, F 2
Ouagadougou 24/25, C 3
Ouargla 24/25, D 1
Oudtshoorn 28/29, C 5
Oujda 24/25, C 1
Owando 28/29, B 2
Oyo 24/25, D 4

P

Pachuca 34/35, D 4
Padang 52/53, A 4
Padua 18/19, D 3
Pagalu 24/25, D 5
Pakanbaru 52/53, B 3
Pakistan 55, E 3
Pakse 52/53, B 2
Palana 62/63, Q 4
Palangkaraya 52/53, C 4
Palau 52/53, E 3
Palawan 52/53, C 2
Palembang 52/53, B 4
Palermo 14/15, F 4
Palmyra 57, B 2
Palopo 52/53, D 4
Palu 52/53, C 4
Panamá 34/35, F 6
Panay 52/53, D 2
Pangkalpinang 52/53, B 4
Panmunjon 60/61, F 2
Papua-Neuguinea 52/53, F 4
Paraburdoo 46/47, A 3
Paracel-Inseln 52/53, C 2
Paraguay 38/39, D 5
Parakou 24/25, D 4
Paramaribo 38/39, D 2
Paraná 38/39, C 6
Paranaiba 38/39, E 4
Parepare 52/53, C 4
Paris 21, D 3
Parma 18/19, D 3
Parnaiba 38/39, E 3
Paroo 46/47, D 3
Parry-Inseln 30/31, G 2
Passau 17, E 4
Pasto 38/39, B 2
Patkaigebirge 55, H 3
Patna 55, G 3
Patomhochland 62/63, M 3
Paulistana 38/39, E 3
Pawlodar 62/63, H 4
Peace 30/31, G 4
Pearyland 30/31, 1
Pegu 60/61, C 4
Peking 60/61, E 2
Peledui 62/63, M 4

Pematangsiantar 52/53, A 3
Penong 46/47, C 4
Pensa 62/63, E 4
Perm 62/63, F 4
Persepolis 57, D 3
Perth 46/47, A 4
Peru 38/39, B 3
Peshawar 55, F 2
Petrolina 38/39, E 3
Petropawlowsk 62/63, G 4
Petropawlowsk-Kamtschatskij 62/63, Q 4
Petschora 62/63, F 3
Peureulak 52/53, A 3
Pewek 62/63, S 3
Philadelphia 34/35, F 3
Philippinen 60/61, F 4
Phitsanulok 52/53, B 2
Phnom Penh 52/53, B 2
Phuket 52/53, A 3
Pico Bolívar 38/39, B 2
Pico da Bandeira 38/39, E 4
Pico de Orizaba 34/35, D 5
Picton 46/47, G 5
Pidurutalagala 55, G 5
Pierre 34/35, C 2
Pietermaritzburg 28/29, D 4
Pietersburg 28/29, C 4
Pik Pobedy 60/61, A 1
Pilcomayo 38/39, C 4
Pilsen 17, E 4
Pindos 14/15, G 3
Pine Point 32/33, H 3
Piru 52/53, D 4
Pisa 18/19, D 4
Piton des Neiges 28/29, F 4
Pittsburgh 34/35, F 2
Piura 38/39, A 3
Piz Bernina 18/19, C 2
Pjandsh 55, E 2
Pjöngjang 60/61, F 2
Plauen 17, E 3
Po 14/15, F 3
Pobeda 62/63, P 3
Pointe Noire 28/29, B 2
Pojarkowo 62/63, N 5
Polen 21, E 2
Ponce 34/35, G 5
Ponta Grossa 38/39, D 5
Pontianak 52/53, B 3
Pontisches Gebirge 14/15, H 4
Poopósee 38/39, C 4
Popocatepetl 34/35, C 5
Porcupine 32/33, E 3
Poronaisk 62/63, P 5
Port Elizabeth 28/29, C 5
Port Gentil 28/29, A 2
Port Harcourt 24/25, D 4
Port Hedland 46/47, A 3
Port Lincoln 46/47, C 4
Port Louis 28/29, F 4
Port Moresby 52/53, F 4
Port Radlum 32/33, H 3
Port Safaga 24/25, G 2
Port Said 24/25, G 1
Port Sudan 24/25, G 3
Port Vila 46/47, F 2
Port-au-Prince 34/35, F 5
Port-aux-Basques 34/35, H 2
Portland 32/33, A 2
Pôrto Alegre 38/39, D 5
Porto Novo 24/25, D 4
Pôrto Velho 38/39, C 3
Portofino 18/19, C 3
Portugal 21, A 3
Posadas 38/39, D 5
Posjet 62/63, O 5
Poso 52/53, C 4
Potosi 38/39, C 4
Potsdam 17, E 2
Poyang-See 60/61, E 3
Pra Loup 18/19, B 3
Prag 21, E 2
Pratas 60/61, E 3
Pretoria 28/29, C 4
Prince George 32/33, G 4
Prince of Wales-Insel 32/33, J 2
Prince Rupert 32/33, F 4
Principe 24/25, D 4
Prome 60/61, C 4
Providence 34/35, F 2
Prowidenija 62/63, T 3
Prudhoe Bay 32/33, E 2
Pucallpa 38/39, B 3
Puebla 34/35, D 5
Pueblo 34/35, C 3
Puerto Barrios 34/35, E 5
Puerto Cabello 38/39, C 1
Puerto Carreño 38/39, C 2
Puerto Deseado 38/39, C 7
Puerto Montt 38/39, B 7
Puerto Rico 34/35, G 5
Pulog 52/53, D 2
Pune 55, F 4
Punta Arenas 38/39, B 8
Purumayo 38/39, B 3
Purus 38/39, C 3
Pusan 60/61, F 2
Putoranagebirge 62/63, K 3
Pyrenäen 14/15, D 3

Q

Qaanaaq 32/33, N 2
Qamdo 60/61, C 2
Qinghai-See 60/61, C 2
Qingjiang 60/61, E 2
Qinling 60/61, D 2
Qiqihar 60/61, F 1
Qitai 60/61, B 1
Quebec 34/35, F 2
Queenstown (Australien) 46/47, D 5
Queenstown (Südafrika) 28/29, C 5
Quelimane 28/29, D 3
Quemoy 60/61, E 3
Quena 24/25, G 2
Querétaro 34/35, C 4
Quetta 55, E 2
Quezon City 52/53, C 2
Qui Nhon 52/53, B 2
Quilpie 46/47, D 3
Quito 38/39, B 3
Qum 57, D 2

R

Raba 52/53, C 4
Rabat 24/25, C 1
Rabaul 52/53, G 4
Radstadt 18/19, E 2
Raipur 55, G 3
Rajkot 55, F 3
Raleigh 34/35, F 3
Ramsau 18/19, E 2
Rangun 60/61, C 4

Ranong 52/53, A 3
Rantekombola 52/53,C 4
Rapid City 34/35, C 2
Ravenna 18/19, D 3
Rawalpindi 55, F 2
Recherchearchipel 46/47, B 4
Recife 38/39, F 3
Red River 34/35, D 3
Regensburg 17, E 4
Reggane 24/25, C 2
Regina 34/35, C 1
Rentiersee 32/33, J 4
Rescht 57, D 2
Resistencia 38/39, C 5
Réunion 28/29, F 4
Reykjavik 21, A 1
Rhein 14/15, E 3
Rhodopen 14/15, G 3
Rhön 17, C 3
Rhône 14/15, E 3
Riad 57, C 3
Ribeirão Prêto 38/39, E 5
Richards Bai 28/29, D 4
Richmond 34/35, F 3
Riga 21, F 2
Rijeka 18/19, F 3
Rimini 18/19, E 3
Rio Branco 38/39, C 4
Rio Bravo del Norte 34/35, C 4
Rio de Janeiro 38/39, E 5
Rio de la Plata 38/39, D 6
Rio Gallegos 38/39, C 8
Rio Grande (Bolivien) 38/39, C 4
Rio Grande (Brasilien) 38/39, D 4
Rio Grande (USA) 34/35, C 3
Rio Negro (Brasilien) 38/39, C 3
Rio Negro (Uruguay) 38/39, D 6
Riva 18/19, D 3
Rivera 38/39, D 6
Rjasan 62/63, D 4
Rockhampton 46/47, E 3
Rocky Mountains 32/33, B 2
Rom 21, E 3
Roma 46/47, D 3
Rondonópolis 38/39, D 4
Roper 46/47, C 2
Rosario 38/39, C 6
Roseau 34/35, G 5
Rosso 24/25, B 3
Rostock 17, E 2
Roter Fluss 52/53, B 1
Rothaargebirge 17, C 3
Roti 52/53, D 5
Rourkela 55, G 3
Rovuma 28/29, D 3
Rshew 62/63, D 4
Ruanda 24/25, F 5
Rubzowsk 62/63, J 4
Rudnyj 62/63, G 4
Rufiji 28/29, D 2
Rügen 17, E 1
Ruhr 17, B 3
Rukwasee 28/29, D 2
Rumänien 21, F 3
Rungwe 28/29, C 2
Ruoqiang 60/61, B 2
Russkaja Gawan 62/63, F 2
Russland 62/63, G 3
Rutba 57, C 2
Ruwenzori 28/29, C 1
Rybinsk 62/63, D 4
Ryukyu-Inseln 60/61, F 3

S

Saale 17, D 3
Saar 17, B 4
Saarbrücken 17, B 4
Saba (Insel) 34/35, G 5
Saba (Ruinenstätte) 57, C 4
Sachalin 62/63, P 4
Sacramento 34/35, A 3
Sadah 57, C 4
Sadiya 55, H 3
Safi 24/25, C 1
Saharaatlas 24/25, C 1
Saharanpur 55, F 3
Saihut 57, D 4
Saint George's 34/35, G 5
Saint John 34/35, G 2
Saint Kitts und Nevis 34/35, G 5
Saint Louis (Senegal) 24/25, B 3
Saint Lucia 34/35, G 5
Saint Martin 34/35, G 5
Saint Paul 34/35, D 2
Saint Vincent und die Grenadinen 34/35, G 5
Saint-Denis 28/29, F 4
Saint-Louis 34/35, D 3
Saint-Pierre und Miquelon 34/35, H 2
Saissan 62/63, J 5
Sajak 62/63, H 5
Sajama 38/39, C 4
Salado 38/39, C 5
Salala 57, D 4
Salamat 24/25, E 3
Salar de Atacama 38/39, C 5
Salar de Uyuni 38/39, C 5
Salawat 62/63, F 4
Salechard 62/63, G 3
Salem (Indien) 55, F 4
Salem (USA) 34/35, A 2
Salina Cruz 34/35, D 5
Salomonen 46/47, F 2
Salta 38/39, C 5
Salto 38/39, D 6
Saluën 60/61, C 2
Salvador 38/39, F 4
Salzach 18/19, E 1
Salzburg 18/19, E 2
Samar 52/53, D 2
Samara 62/63, F 4
Samarinda 52/53, C 4
Samarkand 51, E 2
Sambesi 28/29, C 3
Sambia 28/29, C 3
Samoa 44/45
Sampit 52/53, C 4
San Andrés 34/35, E 5
San Antonio 34/35, D 4
San Cristobal 38/39, B 2
San Diego 34/35, B 3
San Fernando 52/53, C 2
San Francisco 34/35, A 3
San José (Costa Rica) 34/35, E 5
San José (Guatemala) 34/35, D 5
San Juan (Argentinien) 38/39, C 6

San Juan (Puerto Rico) 34/35, G 5
San Lorenzo 38/39, A 2
San Luis Potosi 34/35, C 4
San Marino 21, E 3
San Martino 18/19, D 2
San Pedro 24/25, C 4
San Remo 18/19, B 4
San Salvador (Insel) 34/35, F 4
San Salvador 34/35, E 5
San Valentín 38/39, B 7
Sana 57, C 4
Sandakan 52/53, C 3
Sandover 46/47, C 3
Sangar 62/63, N 3
Sangha 24/25, E 4
Sankt Anton 18/19, D 2
Sankt Eliasberge 32/33, E 3
Sankt Kanzian 18/19, F 2
Sankt Moritz 18/19, C 2
Sankt Petersburg 14/15, H 2
Sankt Ulrich 18/19, D 2
Sankt Wolfgang 18/19, E 2
Sankt-Lorenz-Strom 34/35, F 2
Sankuru 28/29, C 2
Sansibar 28/29, D 2
Santa Cruz (Bolivien) 38/39, C 4
Santa Cruz (Kanarische Inseln) 24/25, B 2
Santa Fé (Argentinien) 38/39, C 6
Santa Fe (USA) 34/35, C 3
Santa Maria 38/39, D 6
Santa Marta 38/39, B 1
Santa Rosa 38/39, C 6
Santa-Cruz-Inseln 46/47, F 2
Santarém 38/39, D 3
Santiago (Chile) 38/39, B 6
Santiago (Dominikanische Republik) 34/35, F 5
Santiago de Cuba 34/35, F 5
Santiago del Estero 38/39, C 5
Santo Domingo 34/35, F 5
Santos 38/39, E 5
São Francisco 38/39, E 4
São Paulo 38/39, E 5
São Tomé (Insel) 24/25, D 4
São Tomé und Principe 24/25, D 4
Saône 18/19, A 2
Saporishshja 62/63, D 5
Sapporo 60/61, H 1
Sarajevo 21, E 3
Saransk 62/63, E 4
Saratow 62/63, E 4
Sardeh-Kuh 57, C 2
Sardinien 14/15, E 3
Sarh 24/25, E 4
Sarmi 52/53, E 4
Saskatchewan 30/31, H 4
Saskatoon 34/35, C 1
Sassandra 24/25, C 4
Satpuragebirge 55, F 3
Saudi-Arabien 57, C 3
Sault-Sainte-Marie 34/35, E 2
Savannah 34/35, E 3
Savannakhet 52/53, B 2
Save 14/15, F 3
Savoyen 18/19, B 2
Sawu 52/53, D 5
Schaffhausen 17, C 5
Schantarinseln 62/63, O 4
Schari 24/25, E 3
Schefferville 32/33, N 4
Schilka 62/63, M 4
Schiras 57, D 3
Schliersee 18/19, D 2
Schneeberg 17, D 4
Schwarzer Fluss 52/53, B 1
Schwarzer Irtysch 62/63, J 5
Schwarzer Volta 24/25, C 3
Schwarzwald 17, B 5
Schweden 21, E 1
Schweiz 21, D 3
Schwerin 17, D 2
Seattle 32/33, G 5
Sebha 24/25, E 2
Seefeld 18/19, D 2
Segedin 24/25, E 2
Ségou 24/25, C 3
Seine 14/15, E 3
Seja 62/63, N 4
Sekondi-Takoradi 24/25, C 4
Selebi-Phikwe 28/29, C 4
Selenga 60/61, D 1
Semara 24/25, B 2
Semarang 52/53, C 4
Semeru 52/53, C 4
Semey 62/63, H 4
Semnan 57, D 2
Sendai 60/61, H 2
Senegal 24/25, B 3
Sennar 24/25, G 3
Seoul 60/61, F 2
Sepik 52/53, F 4
Sept-Îles 34/35, G 1
Serachs 62/63, G 6
Seram 52/53, D 4
Serbien 21, F 3
Serow 62/63, G 4
Serowe 28/29, C 4
Serra da Mantiqueira 38/39, E 5
Serra do Cachimbo 38/39, D 3
Serra do Caiapó 38/39, D 4
Serra do Espinhaço 38/39, E 4
Serra dos Parecis 38/39, C 4
Serra Dourada 38/39, E 4
Serra Geral 38/39, D 5
Serra Pacaraima 38/39, C 2
Sestriere 18/19, B 3
Sewernaja Semlja 62/63, L 2

Sewero-Jenissejskij 62/63, K 3
Sewerodwinsk 62/63, D 3
Seychellen 28/29, F 2
Sfax 24/25, E 1
Shache 60/61, A 2
Shanghai 60/61, F 2
Shantou 60/61, E 3
Shaoguan 60/61, E 3
Shaoyang 60/61, E 3
Shaqra 57, C 3
Sharjah 57, D 3
Shashi 60/61, E 2
Shebeli 24/25, H 4
Shenyang 60/61, F 1
Shijiazhuang 60/61, E 2
Shikoku 60/61, G 2
Shillong 55, H 3
Shire 28/29, D 3
Sholapur 55, F 4
Shulehe 60/61, C 2
Sibolga 52/53, A 3
Sibu 52/53, C 3
Sichote-Alin 62/63, O 5
Sidi bel-Abbès 24/25, C 1
Sierra Leone 24/25, B 4
Sierra Madre 34/35, C 4
Sierra Morena 14/15, D 4
Sierra Nevada 34/35, A 2
Sierra Pacaraima 38/39, C 2
Sikasso 24/25, C 3
Sima 62/63, L 4
Simbabwe (Ruinen) 28/29, D 4
Simbabwe 28/29, C 3
Simbirsk 62/63, E 4
Simla 55, F 2
Singapur 52/53, B 3
Sinuiju 60/61, F 1
Sirmione 18/19, D 3
Siwa 24/25, F 2
Siwalikkette 55, F 2
Sizilien 14/15, F 4
Skagway 32/33, F 4
Skandinavisches Gebirge 14/15, E 1
Skikda 24/25, D 1
Sklavenfluss 30/31, G 3
Skopje 21, F 3
Slatoust 62/63, F 4
Slowakei 21, E 3
Slowenien 21, E 3
Snake 34/35, B 2
Snares-Inseln 46/47, F 5
Sobat 24/25, G 4
Sobral 38/39, E 3
Soë 52/53, D 4
Sofia 21, F 3
Sohag 24/25, G 2
Sokoto 24/25, D 3
Sokotra 57, D 4
Sollum 24/25, F 1
Solwezi 28/29, C 3
Somalia 24/25, H 4
Songea 28/29, B 3
Songkhla 52/53, B 3
Sorong 52/53, E 4
Sousse 24/25, E 1
Southampton-Insel 30/31, K 3
Sowjetskaja-Gawan 62/63, O 5
Spanien 21, C 4
Spessart 17, C 4
Spokane 34/35, B 2
Spree 17, F 3
Springfield 34/35, D 3
Sretensk 62/63, M 4
Sri Jayewardenepura 55, F 5
Sri Lanka 55, G 5
Srinagar 55, F 2
Stanley (Australien) 46/47, D 5
Stanley (Falklandinseln) 38/39, D 8
Stanowoigebirge 62/63, N 4
Stargard 17, F 2
Steep Point 46/47, A 3
Stefaniesee 24/25, G 4
Stendal 17, D 2
Stettin 17, F 2
Stewart-Insel 46/47, F 5
Stockholm 21, E 2
Stralsund 17, E 1
Straßburg 18/19, B 1
Stresa 18/19, C 3
Stuttgart 17, C 4
Suche Bator 60/61, D 1
Suchona 62/63, E 4
Sucre 38/39, C 4
Südafrika 28/29, C 5
Sudan 24/25, F 3
Sudbury 34/35, E 2
Sudeten 14/15, F 2
Südkorea 62/63, N 6
Südliche Sierra Madre 34/35, C 5
Suez 24/25, G 1
Suhar 57, D 3
Sulaijil 57, C 3
Sulu-Inseln 52/53, C 3
Sumatra 52/53, A 3
Sumba 52/53, C 5
Sumbawa 52/53, C 4
Sundarbans 55, G 3
Sungari 60/61, F 1
Suntar 62/63, M 3
Sur 57, D 3
Surabaya 52/53, C 4
Surakarta 52/53, C 4
Surat 55, F 3
Surgut 62/63, H 3
Surigao 52/53, D 3
Suriname 38/39, D 2
Susa 57, C 2
Sussuman 62/63, P 3
Sutlej 55, F 3
Suva 46/47, G 2
Suzhou 60/61, F 2
Sverdrup-Inseln 32/33, J 2
Swakop 28/29, B 4
Swakopmund 28/29, B 4
Swan-Inseln 34/35, E 5
Swasiland 28/29, D 4
Swobodnyj 62/63, N 4
Sydney (Australien) 46/47, E 4
Sydney (Kanada) 34/35, G 2
Syktywkar 62/63, F 3
Syrien 57, B 2
Syrjanka 62/63, Q 3
Sysran 62/63, E 4
Szechuan 60/61, D 2

T

Tabora 28/29, D 2
Täbris 57, C 2
Tabuk 57, B 3
Tadjemut 24/25, D 2
Tadschikistan 55, E 2
Taegu 60/61, F 2
Taejon 60/61, F 2
Tahan 52/53, B 3
Tahat 24/25, D 2
Tahoua 24/25, D 3
Tai Shan 60/61, E 2
Taif 57, C 3
Taimyrsee 62/63, K 2
Tainan 60/61, F 3
Taipeh 60/61, F 3
Tais 57, C 4
Taischet 62/63, K 4
Taisetsu 60/61, H 1
Taiwan 60/61, F 3
Taiyuan 60/61, E 2
Taizhong 60/61, F 3
Tajo 14/15, D 4
Take 60/61, G 2
Talca 38/39, B 6
Taldy-Kurgan 62/63, H 5
Tallahassee 34/35, E 3
Tallin 21, F 2
Tamale 24/25, C 4
Tamanrasset 24/25, D 2
Tambow 62/63, E 4
Tambura 24/25, F 4
Tampa 34/35, E 4
Tampico 34/35, D 4
Tamworth 46/47, D 3
Tanasee 24/25, G 3
Tanga 28/29, D 2
Tanganjikasee 28/29, C 2
Tanger 24/25, C 1
Tanggula Shan 60/61, B 2
Tanimbar-Inseln 52/53, E 4
Tanjungkarang 52/53, B 4
Tansania 24/25, G 5
Tanta 24/25, G 1
Tapajós 38/39, D 3
Tara 62/63, H 4
Tarakan 52/53, C 3
Tarbagatai 62/63, J 5
Tarcoola 46/47, C 4
Taree 46/47, E 4
Tarim (Fluss) 60/61, B 1
Tarlac 52/53, C 2
Tas 62/63, J 3
Taschaus 62/63, F 5
Taschkent 62/63, G5
Taschtagol 62/63, J 4
Tasiilaq 30/31, P 3
Tasmanien 46/47, D 5
Tassili der Ajjer 24/25, D 2
Tatarsk 62/63, H 4
Taunus 17, C 3
Tauranga 46/47, G 4
Taurus 14/15, H 4
Tavoy 52/53, A 2
Tawda 62/63, G 4
Taxila 55, F 3
Tayma 57, B 3
Tebessa 24/25, D 1
Tegucigalpa 34/35, E 5
Teheran 57, D 2
Tel Aviv-Jaffa 57, B 2
Telanaipura 52/53, B 4
Temirtau 62/63, H 4
Tenda 18/19, B 3
Teneriffa 24/25, B 2
Tengchong 60/61, C 3
Tengissee 62/63, G 4
Tennant Creek 46/47, C 2
Tennessee 34/35, E 3
Teófilo Otoni 38/39, E 4
Teotihuacán 34/35, D 5
Teresina 38/39, E 3
Ternej 62/63, O 5
Tessin 18/19, C 2
Tete 28/29, D 3
Tétouan 24/25, C 1
Teutoburger Wald 17, B 2
Thailand 60/61, D 4
Theben 24/25, G 1
Theiß 14/15, G 3
Themse 14/15, D 2
Thessaloniki 14/15, G 3
Thiès 24/25, B 3
Thüringer Wald 17, D 3
Tian Shan 60/61, A 1
Tianshui 60/61, D 2
Tibesti 24/25, E 2
Ticino 18/19, B 3
Tidjikda 24/25, B 3
Tientsin 60/61, E 2
Tigris 57, C 2
Tijuana 34/35, B 3
Tilitschija 62/63, R 3
Timaru 46/47, G 5
Timbuktu 24/25, C 3
Timimoun 24/25, D 2
Timor 52/53, D 4
Tindouf 24/25, C 2
Tirana 21, E 3
Tiruchchirappalli 55, F 4
Titicacasee 38/39, C 4
Tjumen 62/63, G 4
Toamasina 28/29, E 3
Tobago 34/35, G 5
Tobasee 52/53, A 3
Tobelo 52/53, D 3
Tobol 62/63, G 4
Tobolsk 62/63, G 4
Tobruk 24/25, F 1
Tocopilla 38/39, B 5
Togliatti 62/63, F 4
Togo 24/25, D 4
Tokio 60/61, G 2
Toliara 28/29, D 4
Tommot 62/63, N 4
Tomsk 62/63, J 4
Tonga 46/47, H 2
Toowoomba 46/47, D 3
Topeka 34/35, D 3
Toronto 34/35, E 2
Torrenssee 46/47, C 4
Torreón 34/35, C 4
Tougourt 24/25, D 1
Toulon 18/19, A 4
Townsville 46/47, D 2
Transhimalaya 60/61, B 2
Trier 17, B 4
Triest 18/19, E 3
Trinidad 38/39, C 4
Trinidad und Tobago 34/35, G 5

Tripolis 24/25, E 1
Trivandrum 55, F 5
Tromelin 28/29, F 3
Tromsö 14/15, F 1
Tronador 38/39, B 7
Trondheim 14/15, F 1
Trujillo 38/39, A 3
Tsangpo 60/61, B 3
Tsaratanana 28/29, E 3
Tschad 24/25, E 3
Tschadsee 24/25, E 3
Tschardshou 62/63, G 6
Tscheboksary 62/63, E 4
Tschechische Republik 21, E 3
Tschegdomyn 62/63, O 4
Tscheljabinsk 62/63, G 4
Tschelkar 62/63, F 5
Tscheremchowo 62/63, L 4
Tscherepowez 62/63, D 4
Tschersker Gebirge 62/63, O 3
Tschita 62/63, M 4
Tschoibalsan 60/61, E 1
Tschokurdach 62/63, P 2
Tschu 62/63, H 5
Tschulman 62/63, N 4
Tschumikan 62/63, O 4
Tshikapa 28/29, B 2
Tshuapa 28/29, C 2
Tsingtau 60/61, F 2
Tsumeb 28/29, B 3
Tubarão 38/39, E 5
Tubkal 24/25, C 1
Tucumán 38/39, C 5
Tula 62/63, D 4
Tulun 62/63, K 4
Tummo 24/25, E 2
Tunesien 24/25, D 1
Tunis 24/25, E 1
Tunja 38/39, B 2
Tura 62/63, K 3
Turgai 62/63, G 5
Turin 18/19, B 3
Turkanasee 28/29, D 1
Türkei 21, G 4
Turkmenistan 62/63, F 5
Turks-Inseln 34/35, F 4
Turpan 60/61, B 1
Tutuila 46/47, H 2
Twer 62/63, D 4
Tynda 62/63, N 4

U

Uaxactun 34/35, D 5
Ubangi 28/29, C 1
Uberlândia 38/39, D 4
Ubon Ratchathani 52/53, B 2
Ubsa Nur 60/61, C 1
Ubundu 28/29, C 2
Ucayali 38/39, B 3
Uchta 62/63, F 3
Uda 62/63, O 4
Uëlle 28/29, C 1
Ufa 62/63, F 4
Uganda 24/25, G 4
Ujung Pandang 52/53, C 4
Ukraine 21, G 3
Ulan-Bator 60/61, D 1
Ulan-Gom 60/61, C 1
Ulan-Ude 62/63, L 4
Uljassutai 60/61, C 1
Ullung 60/61, G 2
Ulm 17, C 4
Umtata 28/29, C 5
Ungarn 21, E 3
Upernavik 32/33, N 2
Upington 28/29, C 4
Ur (Ruinen) 57, C 2
Ural 62/63, F 4
Uralgebirge 62/63, F 4
Uralsk 62/63, F 1
Uranium City 32/33, J 4
Urengoi 62/63, H 3
Urmia 57, C 2
Urmiasee 57, C 2
Uruguay (Fluss) 38/39, D 5
Uruguay 38/39, D 6
Uruk 57, C 2
Urumchi 60/61, B 1
Urup 62/63, P 5
Usbekistan 62/63, G 5
Ushuaia 38/39, C 8
Uspenskij 62/63, H 5
Ussa 62/63, F 3
Ussuri 62/63, O 5
Ussurijsk 62/63, O 5
Ust-Bolscherezk 62/63, Q 4
Ust-Jansk 62/63, O 2
Ust-Kamenogorsk 62/63, J 5
Ust-Kamtschatsk 62/63, R 4
Ust-Kut 62/63, L 4
Ust-Ilimsk 62/63, K 4
Ust-Nera 62/63, P 3
Ust-Olenjok 62/63, M 2
Utete 28/29, D 2
Utsunomiya 60/61, G 2

V

Vaal 28/29, C 4
Vadodara 55, F 3
Vaduz 21, E 3
Val d'Isère 18/19, B 3
Valdez 32/33, E 3
Valdivia 38/39, B 6
Valence 18/19, A 3
Valencia (Spanien) 14/15, D 4
Valencia (Venezuela) 38/39, C 2
Valletta 21, E 4
Valparaiso 38/39, B 6
Vancouver 32/33, G 5
Vancouver-Insel 32/33, G 5
Vanuatu 46/47, F 2
Varanasi 55, G 3
Vars 18/19, B 3
Vatikanstadt 21, E 3
Vatnajökull 32/33, S 3
Velden 18/19, E 2
Venedig 18/19, E 3
Venezuela 38/39, C 2
Veniaminol 32/33, D 4
Veracruz 34/35, D 5
Vereeniging 28/29, C 4
Vereinigte Arabische Emirate 57, D 3
Vereinigte Staaten von Amerika 34/35, C 3
Vereinigtes Königreich 21, C 2
Verona 18/19, D 3
Viareggio 18/19, C 4
Victoria 46/47, D 4
Victoria-Insel 30/31, G 2
Victoriasee 28/29, D 2
Vientiane 52/53, B 2
Vierwaldstätter See 18/19, C 2
Vietnam 60/61, D 4
Vijayawada 55, G 4
Victoriafälle 28/29, C 3
Villach 18/19, E 2
Vilnius 21, F 2
Vindhyagebirge 55, F 3
Visakhapatnam 55, G 4
Viti Levu 46/47, G 2
Vitória 38/39, E 4
Vogelsberg 17, C 3
Vogesen 18/19, B 2
Voi 28/29, D 2
Vøterkaka Nunatak 48

W

Wad Medani 24/25, G 3
Wadi Halfa 24/25, G 2
Wagga Wagga 46/47,D 4
Waigatsch 62/63, F 3
Wakayama 60/61, G 2
Wakkanai 60/61, H 1
Walfischbai 28/29, B 4
Walgett 46/47, D 3
Wallis 18/19, B 2
Wamba 28/29, B 2
Wanganui 46/47, G 4
Wanxian 60/61, D 2
Warangal 57, F 4
Warburton 46/47, C 3
Warrego 46/47, D 3
Warrnambool 46/47, D 4
Warschau 21, E 2
Warthe 17, F 2
Warwick 46/47, E 3
Washington 32/33, E 3
Wasserkuppe 17, C 3
Watampone 52/53, C 4
Wau 24/25, F 4
Weda 52/53, D 3
Weichsel 14/15, E 2
Weifang 60/61, E 2
Weißer Nil 24/25, G 3
Weißer Volta 24/25, O 3
Weißrussland 21, F 2
Welikij Ustjug 62/63, E 3
Welkom 28/29, C 4
Wellesley-Inseln 46/47, C 2
Wellington 46/47, G 5
Wellington-Insel 38/39, B 7
Wenzhou 60/61, F 3
Weonsan 60/61, F 2
Werchojansk 62/63, N 3
Werchojansker Gebirge 62/63, N 3
Werra 17, D 3
Weser 17, C 2
Wessel-Inseln 46/47, C 2
Westerwald 17, B 3
Westfriesische Inseln 17, A 1
Westghats 55, F 3
Westindische Inseln 34/35, F 4
Westkordillere 38/39, B 2
Westliche Sierra Madre 34/35, C 4
Westport 46/47, G 5
Westsajan 62/63, J 4
Wetar 52/53, D 4
Wewak 52/53, F 4
Whangarei 46/47, G 4
Whitehorse 32/33, F 3
Whyalla 46/47, C 4
Wichita 34/35, D 3
Wien 21, E 3
Wiesbaden 17, C 3
Wildspitze 18/19, D 2
Wilhelmshaven 17, B 2

Wiljui 62/63, L 3
Wiljusik 62/63, N 3
Wilkesland 48
Willemstad 34/35, F 5
Willowra 46/47, C 3
Windhuk 28/29, B 4
Winnipeg 34/35, D 2
Winnipegsee 30/31, J 5
Winton 46/47, D 3
Witim 62/63, M 4
Wittenberge 17, D 2
Wjatka 62/63, E 4
Wladiwostok 62/63, O 5
Wolga 62/63, D 4
Wolgograd 62/63, E 5
Wolkenstein 18/19, D 2
Wollongong 46/47, E 4
Wologda 62/63, E 4
Wonsan 60/61, F 2
Woomera 46/47, C 4
Workuta 62/63, F 3
Woronesh 62/63, D 4
Wrangel-Insel 32/33, B 2
Wuhan 60/61, E 2
Wuhu 60/61, E 2
Würzburg 17, C 4
Wuwei 60/61, D 2
Wuxi 60/61, F 2
Wuyi Shan 60/61, E 3
Wuzhou 60/61, E 3
Wyndham 46/47, B 2
Wytschegda 62/63, F 3

X

Xai-Xai 28/29, D 4
Xiaguan 60/61, D 3
Xian 60/61, D 2
Xiangtan 60/61, E 3
Xichang 60/61, D 3
Xijiang 60/61, E 3
Xingu 38/39, D 3
Xining 60/61, D 2
Xinyang 60/61, E 2
Xuzhou 60/61, E 2

Y

Ya'an 60/61, D 3
Yanbu 57, B 3
Yanji 60/61, F 1
Yantai 60/61, F 2
Yapen 52/53, E 4
Yarkand 60/61, A 2
Yellowknife 32/33, H 3
Yellowstone 34/35, C 2
Yelwa 24/25, D 3
Yibin 60/61, D 3
Yichang 60/61, E 2
Yichun 60/61, F 1
Yin Shan 60/61, D 1
Yinchuan 60/61, D 2
Yining 60/61, B 1
Yogan 38/39, B 8
Yogyakarta 52/53, B 4
Yokohama 60/61, G 2
Yu Shan 60/61, F 3
Yuendumu 46/47, C 3
Yujiang 60/61, D 3
Yukon 32/33 (Fluss), D 3
Yukon 32/33, F 3
Yumen 60/61, C 2
Yunhe 60/61, E 2
Yünnan 60/61, D 3

Z

Zagreb 21, E 3
Zagrosgebirge 57, C 2
Zamboanga 52/53, D 3
Zapala 38/39, B 6
Zaria 24/25, D 3
Zelinograd 62/63, H 4
Zell am See 18/19, E 2
Zentralafrikanische Republik 24/25, E 4
Zentralmassiv 14/15, E 3
Zermatt 18/19, B 2
Zhangjiakou 60/61, E 1
Zhangye 60/61, C 2
Zhangzhou 60/61, E 3
Zhanjiang 60/61, E 3
Zhengzhou 60/61, E 2
Zhigatse 60/61, B 3
Zhongba 60/61, B 3
Zhuzhou 60/61, E 3
Zinder 24/25, D 3
Zouérate 24/25, B 2
Zugspitze 17, D 5
Zumbo 28/29, D 3
Zunyi 60/61, D 3
Zürich 18/19, C 2
Zürichsee 18/19, C 2
Zwickau 17, E 3
Zypern 21, G 4

Bildquellenverzeichnis

Astrofoto, Sörth: S. 6–7, S. 8–9.1; S. 14.1, S. 36.3; S. 9. Satelliten nach einer Vorlage von Astrofoto,
Bavaria, Gauting: S. 16.2 (Bordis-Deuter), S. 37.1 (Kummels), S. 36.1 (PuL. Ambrose), 64.2 (Picture Finders)
Bibliothèque National, Paris S. 42.1
Bilderberg Hamburg: S. 41 (Burkard)
Deutsche Luftbild, Hamburg, S. 16.1
dpa, Frankfurt: S. 14.2
Eck Illu, Berlin: S. 56.2
Focus, Hamburg: S. 27.1, S. 59.3 (Camp/Matrix), S. 65.1 (Nicholl, Kratz Pictures)
Furnierwerk Reutlingen, Danzer K.: S. 23.1
Hennig-Damasko, Klaus: S. 53.1,2
IFA-Bilderteam, Taufkirchen: S. 16.3 (Rölle)
Jähnert, R., Walle: S. 31.2
Jungfraubahnen, Grindelwald: S. 18.1, S. 19.3
Jüngst, Braunschweig: S. 54.1,3
Jürgens, Ost + Europa-Photo: S. 50.2
Kiegel, H., Köln: S. 31.1
Klammet, Ohlstadt: S. 16.4,6
Länderpress: S. 16.5 (WMB), S. 22.2 (mediacolor's), S. 22.3 (sn), S. 37.2 (VT), S. 50.4, (Rose), S. 56.1 (DRS), S. 58.1 (Bergmann)
Mauritius, Mittenwald: S. 19.1 (Tappeiner), S. 59.2 (Pigneter)
NASA: S. 8–9.2, 3, 4, 5, 6, 7, 8, 9
pa · picture alliance, Frankfurt: S. 10–11
Picture Press, Hamburg: S. 54.2 (Ullal)
Ria Nowosti, Wostok: S. 64.1; S. 64 Startrampe Baikonur nach einer Vorlage von Ria Nowosti-Wostok
Schimanske, Loesch, Herboldsheim: S. 50.1
Seeber, Ch., Berlin: S. 50.3
Stone, T., München (Penny): S. 47.1
Strohbach, Berlin: S. 58.2,3
Westermann Archiv: S. 48.1
Dr. Dr. Wüst, Herbert, Braunschweig: S. 59.1
Dr. Zahn, Schwülper: S. 22.1, S. 29.1, S. 29.2, S. 36.2
zefa visual media, Düsseldorf: S. 19.2 (Voigt)